同成社近現代史叢書⑦

軍事援護の世界

軍隊と地域社会

郡司　淳

同成社

はじめに

本書は、近代日本の軍事援護についての通史であるとともに、近代日本という特定の時代と社会における社会事業の歴史である。

軍事援護は、一九一七年（大正六）の軍事救護法によって「義務救助主義」を、さらに一九三七年（昭和一二）の軍事扶助法によって「公的扶助」を、近代日本において初めて成立させた。一方、一般救貧行政における義務救助主義の成立は、一九二九年の救護法成立をまたなければならなかった。まさしく軍事援護は一般救貧制度から峻別され、先進的な権利性が付与されていたのである。池田敬正が『日本社会福祉史』のなかで「社会福祉の軍国主義化」と告発した所以である。

もっとも、ここで念頭におかれている、あるべき社会福祉の前提となる民主主義も、市民権と従軍義務を一対のものとみなす古代ギリシアの民主政を起源とし、「マスケット銃が歩兵を生み、歩兵が民主主義を生んだ」との比喩にみるように、戦争の規模拡大と武器の発達にともなう戦士階級の平準化とによって発達してきた歴史をもつ。欧米諸国における女子参政権の誕生は、女子を後方支援をとおして戦争に動員した、総力戦としての第一次世界大戦の経験を経なくてはならなかった。兵役義務を負わない者を「国民」とみなさなかった国家は、近代日本の例に限らないのである。人間の尊厳と、生まれながらの権利を擁護すべき民主主義のこうした歴史的逆説は、軍事援護と社会福祉の関係にもあてはめることができると考える。「貧困」が「犯罪」とみなされた近代にあって、これを個人の責任から解放したのは、軍事援護が最初だったからである。

この軍事援護は、国家総力戦となった日中戦争期において、一国家官僚によって、「即ち、軍人竝に其の家族遺族に対し、精神的及物質的支援を為し、国防の第一線に立つ軍人をして愈々其の士気を振起せしめ、彼等をして、自己及其の家族の安危に就いて、何等後顧の憂なく、安んじて軍務に精励し、一旦緩急ある場合は、敢然兵火の中に一身を犠牲にして、護国の華と散るも厭はず一意専心尽忠奉公の働きを完ふせしめんとする銃後に於ける国民及国家の凡ゆる活動である」と定義されている（軍事保護院事務官青木大吾『軍事援護の理論と実際』）。要するに軍事援護とは、出征軍人留守家族、傷痍軍人、戦死者遺族等に対する精神的、物質的さらには肉体的な支援をとおし、前線で戦う兵士の「後顧の憂い」を絶ち、その士気を高め、軍務を全うさせることで、戦争目的の完遂を目指す事業であるといえる。したがってここでは、援護が、究極的には戦争の勝利という国家目的のために手段化されていることに注意する必要がある。その本質は、本書第四章および第五章にみる癈兵院の歴史が照射するところである。

従来、こうした近代日本の軍事援護については、理念としても、実態としても、「隣保相扶」を基本としてなされたことが定説となっている。いわば軍事援護は、国家が果たすべき責任を回避し、地域社会の相互扶助にもっぱら依存したものであったというのである。それは、軍事援護にとどまらず、近代日本の社会事業全般に対する歴史的評価でもあった。

もっとも本書第六章以下があきらかにするように、軍事援護は、シベリア戦争を契機として国費救護に比重を移し、とくに総力戦となった日中戦争以降、国家的事業として取り組まれることとなる。しかし、ここで問題にしたいのはそのことではない。ここで問いたいのは、そもそも「隣保相扶」とは何かということである。はたしてそれは、当時の内務官僚や厚生官僚が「古来の美風」「伝統」と称したようなものであったのであろうか。またそれは、いわれるように、前近代的な相互扶助を意味するものだったのであろうか。

仮に、「隣保相扶」が前近代からの系譜を引く地域社会の相互扶助を指すのだとすれば、その前提には自律的な共同体であるムラの存在があるはずである。ここでいうムラとは、歴史的に形成されてきた生活の基本単位で、そこに住む人々が精神的な一体感を共有している空間をさす。共同の神である産土神を祀り、共有の財産を有し、寄合によって自らを運営し、自ら立てた規範で己を律する、そうした存在である。本来、相互扶助とは、こうした共同体内部における所有、生産、生活の共同にもとづき、一方で個人を共同体規制に従属させることを前提としたものなのである。

こうしたムラは、一八八八年（明治二一）四月の市制町村制の施行を前に実施された町村合併によって、「大凡三百戸乃至五百戸ヲ以テ標準」とする新町村に再編された。それは、「独立自治ニ耐ユルノ資力ナキ」旧来の町村を「有力ノ町村」となし、徴兵、徴税、教育、戸籍など膨大な国政委任事務を担う単位としなくてはならなかったことによる。この結果、全国七万一三一四町村は一挙に五分の一以下にあたる一万五八二〇町村に統廃合され、旧村は行政村内の大字を構成することとなった。したがって「隣保相扶」の内実を問うさいには、まずもって両者の関係が留意されなくてはならないだろう。だが、これまで「隣保相扶」の主体としては、単に「地域社会」が措定されてきたにすぎない。

ところで「隣保相扶」の「隣保」とは、諸橋轍次『大漢和辞典』によれば、「隣佑」と同義の語で、「となり近所の家、又、其の人々」を意味する。『大漢和』はその典拠として『五代史』漢臣伝を挙げている。また日本大辞典刊行会『日本国語大辞典』は、「隣保」の第一の解として、「(中国、唐の制で近隣の四家を隣とし、その家を加えた五家を「隣保」と称したところから)律令制での末端行政組織」を挙げ、これに「近隣の五戸を集めて最小の行政単位とし、相互監察、相互扶助を義務づけた」との注釈を施している。その用例としては、『続日本紀』宝亀一一年(七八〇)一〇月丙辰の条が挙げられている。日本の古代国家において、原始共同体の相互扶助がその規制とともに再編された事実があったことは、その内容が日中戦争期における隣保班(隣組)に比定しうるものだけに興味ぶかい。なおこの解の場合、同義語は「五保」「隣伍」である。第二の解は、『大漢和』とほぼ同様で、一八八八年四月の市制町村制発布の上諭の一節「隣保団結の旧慣を尊重して」がその用例として引かれている。つけ加えるなら、日本の近代国家における最初の一般救貧制度として一八七四年一二月に制定された恤救規則の申請調査心得に、「市町村内或ハ隣保等ノ情誼」とあるのも、この語義の典型的な用例である。

一方、「隣保相扶」はもちろん、「相扶」の語も、『大漢和』その他に見出すことができない。したがって「隣保相扶」とは、「隣保」に、互いに助け合うことを意味する「相扶」を組み合わせた和製漢語とみなしてよいと思われる。その初見は、管見の限りであるが、日露戦争中の一九〇四年四月八日、よく知られる「隣保相扶ノ誼」を謳った内務大臣訓令と「応召下士兵卒家族救助令施行ニ関スル心得事項」であった。このことは、この用語が確定する過程をしめすものとして、留守家族救助にあたり、郡区市町村の公費支出を厳しく制限した同年二月一三日付の地方局長通牒が、「隣保相済ヒ共同扶助ノ誼」との文言を用いていることからも、裏づけられるように思う。しかし重要なのは、そのことではない。問題は、「相扶」の主体たる「隣保」が、従来の語義とは異なる内容を有していたことにある。

結論からいえば、「隣保相扶」とは、自律的な共同体の相互扶助を克服・再編しようとする近代国家による「伝統」の読みかえにほかならなかった。本書の第一章から第三章まではこの問題を扱っている。それは、国家総力戦となった日中戦争期において、市町村内の全世帯主を会員とし、国家の「上意下達」機関として設置された町内会・部落会―隣保班（隣組）を下部組織に置く銃後奉公会の成立により、「国民の隣保相扶」として新たに創出される。しかし、それが規制のみを強化する一方で、内容を著しく空洞化させていたことは、本書第八章にみるとおりである。

研究史の最大の問題点は、「隣保相扶」を共同体あるいは地域社会の相互扶助と見誤ってきたがために、この語自体に地域統合の理念が内包されていたことに気づかなかったことにある。それは、実体概念というより、国民を戦争に動員するためのイデオロギーであったのだ。いわば日本の近代国家は、戦争にさいし、「隣保相扶」を媒介として地域統合を成し遂げ、国民を掌握しようとしたのである。そのためには、これまで「隣保相扶」の前提とみなされてきた共同体は、中間団体として排除されなくてはならなかった。「隣保相扶」の最終形態が、右銃後奉公会のような組織とならざるをえなかった所以もまたここにある。したがって一方で、軍事援護の歴史は、「隣保相扶」をめぐる国家と共同体のせめぎあいの歴史でもあった。

近代日本の歩みと、そこで営まれた軍事援護は、確かに乗りこえるべき対象であるに相違ない。しかしそうであるなら、そもそも克服すべきものが何なのかが十分に理解されなくてはならないだろう。とりわけ、近代国家の相互扶助として営まれようとした「隣保相扶」の歴史的固有性の究明なくして、明日の社会福祉は築きえないと考える。

目　次

軍事援護の世界

——軍隊と地域社会——

第一章　「隣保相扶」の創出

軍隊と地域社会

日本の軍隊は、一八八九年（明治二二）の徴兵令大改訂により、国民皆兵主義とともに、地域別団隊編制ともいうべき体制を確立した。すなわち、兵員を徴集するための徴兵区は、師管―旅管―大隊区という陸軍管区の区域にしたがい、さらに大隊区は一市もしくは一郡を単位区域とする徴募区に区画された。この結果、歩兵聯隊一個の兵員は、大隊区徴兵区二個の壮丁をもって補充されることとなった。大隊区は、日清戦争後の一八九六年、聯隊区に編成替えされ、これ以降一九四一年（昭和一六）の一府県一聯隊区制の成立まで、聯隊区一個をもって歩兵聯隊一個の兵員が補充されるようになる。

こうした軍隊の編制のありかたは、寄留地からの応徴を一切認めないという、日本が近代兵制のモデルとしたフランスやプロシアをはじめとする西欧諸国に類例なき本籍地徴集主義と相俟って、地域社会に強固な「郷土部隊」意識を形成させることになった。いわば地域社会は、兵士を村の代表として送り込んだ部隊を〝我が部隊〟と思いみなすことで、戦争や演習のさい、馬匹《ばひつ》や車輌等の徴発に応じ、兵士に宿を提供するのみならず、留守家族の生活援護など軍事援護をとおしてこれを支えようとしたのである。各地には、一八八三年一月の各府県における兵事課設置を契機として、県・郡ごとに、町村を含めた地方行政組織の兵事事務担当者の協議・連絡機関である兵事会が設置されるとともに、「徴兵慰労義会」「尚武会」など、徴兵忌避防止と兵事奨励を目的として、有志者の醵金を基に徴兵援護を行う行政の外郭団体が、県もしくは郡単位で全国的に組織されていく。

埼玉県では、一八八六年、徴兵慰労義会が全郡に組織され、各々の下部組織として町村に支会と数町村連合の連合支会が結成され、現役兵の退営日の翌日にあたる一二月一日に徴兵慰労式を挙行、慰労金を贈与している。一方兵士は、現役満期・帰郷のさい、郡名・兵種等級・姓名とともに、「現役中殊ニ勤務ニ熟シ品行方正ナル者ハ帰休ヲ命スルコトアル可シ」との徴兵令第一三条相当・下士適任証書・善行証書・褒賞休暇・疾病・罪科（刑法・懲罰）の各項にわたる在営期間の「勤怠」（成績）と、徴兵慰労義会より贈与された等級別の慰労金額が県報に告知された。このように兵士は、村の代表としての名誉と期待を一身に負わされただけに、留守家族とともにその行動を地域社会から強く規制されたのであった。

しかし日清戦争は、こうした現役兵のみならず、予・後備役兵の応召・出征により、従来徴兵援護組織しかもたなかった地域社会に、留守家族や戦死者遺族の処遇をめぐって新たな対応をせまることとなった。

埼玉県下の軍事援護

埼玉県における日清戦争中の応召者は、海軍四人を含め三九七二人であったという（『新編　埼玉県史』通史編5）。応召者の服役区分は、一八九四年九月一五日の近衛師団充員召集までの合計二九二〇人についてしかあきらかにしえず、かつ海軍の人数が一致しないものの、陸軍予備役一六四六人、同後備役一二六六人、海軍予備役二人、同後備役六人であった（『新編　埼玉県史』資料編19）。

こうした予・後備役兵の応召は、すでに妻子を有する家庭内の主労働者の出征を意味するだけに、留守家族の生活問題を浮上させた。すでに県の留守家族救護については、「郡レベルの取扱いはまちまちで」、「結局は各町村に応召者の援助はまかされた」との『埼玉県史』の評価がある。したがって以下では、なぜ徴兵慰労義会や郡全体でこの問題に取り組めなかったのかという点に絞って、資料に即して考えてみたい。

埼玉県は、一八九四年八月二日付で、「応召者ノ家族中生活上救護ノ設計アル哉否ヤヲ知悉スル為」、各郡長に状況調査を依頼した。各郡における留守家族援護の状況は、同年一一月二九日、県が各郡長の回答をふまえ、内務大臣に送達した「従軍者家族救助及戦死者弔祭慰問ノ義ニ付報告」によれば、次のようなものであった（埼玉県行政文書明八一六の二）。なお埼玉県では、一八七八年一〇月の郡区町村編制法のさい、管下の武蔵国一七郡および下総国一郡を、地勢と施政の便宜により分割統合し、九郡として郡役所を設定した。このように数郡に一郡役所を置く場合には徴募区は一つとされた。

北足立・新座郡では、留守家族の救助について「郡内一定ノ方法ヲ設ル能ハザル事情ノ為町村限リ」適宜規約を設けてこれを施行し、その顚末を郡役所に報告することにした。同郡では、一一月に旧郡長で衆議院議員の天野三郎を発起人として、自由・改進両党の首脳が賛助員として名を連ねた兵事義会が、出征予・後備兵の家族援助を目的として設立されたが、扶助金贈与の方法については「町村長ニ嘱託スルモノトス」としている。また秩父郡では、「町村長会同ノ節、各町村軍資金献納ノ折柄ニ付、此際一郡ノ団体ヲ組織スルハ至難ニ付」各町村適宜その方法を設けることになった。

比企・横見郡では各町村とも救恤保護の方法を立案中であり、大里・幡羅・榛沢・男衾郡でも各町村とも軍資金もしくは応召者家族保護の方法を協議中であった。

北埼玉郡では、郡長・町村長からなる徴兵慰労義会職員が会同し、陸海軍へ献金をなし、なお町村有志者の醵金を奨励することと、召集出兵者の家族中生計が困難な者に対して各町村限り救護の方法を設けることに協議決定した。南埼玉郡でも、町村長からなる徴兵慰労義会職員が会同し、評議会より軍資金を献納すること、および下士兵員の家族を慰問するため一〇〇〇円の金額を寄贈することに議定し、これを各会員より醵集、応召者家族の貧富の差に応じて寄贈することを臨時委員（大隊区徴兵区参事員）に委嘱し、一方各町村は別に家族救護および弔祭等の方法を適宜定めることとなった。

入間・高麗郡では、徴兵慰労義会の「臨時別働事業」として、応召者の出発より帰郷までの間、その家族の慰問または保護のため応分の金員を寄贈することとした。ただし、同会の「臨時別働事業規約書」は、単に家族の慰問を定めているだけで、その後の郡の報告をみる限り、各町村が個別に救護および慰問を行っている。この点は、目下後備役の一部召集につき各町村限り義捐金を募ってそれぞれ救恤しているが、今後予・後備役が多数召集されたときは全郡あげて義捐金を募集、かつ郡長徴兵慰労義会の積立金をもって救助する旨であると報告されている北葛飾・中葛飾郡ついても、同様である。

児玉・賀美・那珂郡は、応召留守家族を扶助する目的をもって兵事義済会を設立、郡長を会長に推し、町村長を委員、町内の有志者を会員となし、金員を醵集、兵員の家族人員に応じて一人につき一カ月金五〇銭以上二円以下を軍人出発の日より解散の日まで贈与する規約を設けた。ただし同会の「兵員家族扶助料調査内規」（前掲埼玉県行政文書）によれば、宅地家屋耕地の有無またはその規模、六〇歳以上一三歳以下の老幼者もしくは疾病者の有無により、生計困難者を甲・乙・丙・丁・戊の五段階に分け、一円以上三円以下の金額を贈与することとしている。

このように出征兵士の留守家族救護は、児玉・賀美・那珂郡が新たに兵事義済会を設立し、郡の統一事業としたほかは、基本的に各町村に委ねられた。また同郡にしても、兵事義済会という新たな団体が組織され、徴兵慰労義会がこれを行うことはなかった。その理由は、現役兵に対する慰労金贈与と、出征兵士の留守家族に対する生活救護では、本来性格の異なるものであったと考えるしかない。この違いが、「郡内一定ノ方法ヲ設ル能ハザル事情」を生じさせ、後者を「町村限リ」のものとさせたのであった。すなわち留守家族救護とは、そのよってきたる原因がどうであれ、現にムラで生活する貧困者に対する救済にほかならなかったからである。したがって第一に、こうした留守家族を直接把握しうるのは、戸籍役場たる市（区）町村であった。また第二に、当時の行政村の公共事業が、部落協議費を不可欠なものとして多くの場合大字限りで行われていたことを想起すれば、留守家族救助においても義捐金の募集や貧困者の認定要件等をめぐり、行政村と各大字の利害調整をはかることが必須であったと考えられるのである。ここでは、「貧困」というものが本来相対的なものであり、ムラの秩序にかかわる問題であることにも留意すべきであろう。留守家族救護は、行政村だけの問題として考えてみても、各町村間に程度の差こそあれ経済的格差が存在する以上、相対的に豊かな町村にあっては他村の貧困者のために負担を強いられるだけに、郡レベルで一律に行うことが困難であったのである。

このように郡の徴兵慰労組織が留守家族救護をなしえなかった事例は埼玉県にとどまらない。例えば愛知県では、戦前より徴兵慰労会や慰労義会など郡市単位の徴兵慰労組織が設立されていたにもかかわらず、その対応には「かなりの違いが」みられ、尚武会など郡単位の組織が主導的役割を果たした地域と、各町村が個別に規約を設けたり、町村恤兵会等が主体となった地域とに分かれたという（檜山幸夫「日清戦争と民衆」）。

この問題は、日露戦争のさい、改めて検討することとし、次に救護の実態についてみてみる。

救護の実態

表1－1は、一八九五年一二月一〇日、「救護ノ当初ヨリ各郡市ニ於テ救護ヲ与ヘタル人員、戸数、救助

表１－１ 埼玉県従軍者家族救護調

1894年11末日現在

郡名	従軍者数	従軍者家族		被救護		c／a	b／d	義捐金総額	義捐金		
		a）人員	b）戸数	c）人員	d）戸数				救助	弔祭慰問其他ノ贈与	計
	人	人	戸	人	戸	%	%	円 銭厘	円 銭厘	円 銭厘	円 銭厘
北足立	477	2,700	464	807	231	29.89	49.78	4,180.128	1,039.310	3,140.818	4,180.128
新座	31	188	30	6	6	3.19	20.00	163.510	50.000	113.510	163.510
入間	383	1,836	383	951	220	51.80	57.44	3,856.299	1,291.815	1,804.939	3,096.754
高麗	182	1,072	179	474	95	44.22	53.07	2,104.610	419.690	1,562.348	1,982.038
比企	264	1,549	256	958	175	61.85	68.36	3,065.436	1,133.048	1,932.388	3.065.436
横見	54	317	51	308	47	97.16	92.16	708.634	483.302	225.332	708.634
秩父	433	1,428	423	78	78	5.46	18.44	5,081.985	1,635.735	3,446.250	5,081.985
児玉	166	965	164	315	72	32.64	43.90				
賀美	79	367	78	137	35	37.33	44.87	6,272.463	1,833.646	4,438.817	6,272.463
那珂	48	174	48	78	15	44.83	31.25				
大里	100	576	100	201	30	34.90	30.00	644.750	258.750	386.000	644.750
幡羅	111	587	110	162	42	27.60	38.18	1,095.160	671.160	424.000	1,095.160
榛沢	131	681	131	263	54	38.62	41.22	1,671.800	455.800	1,216.000	1,671.800
男衾	48	246	48	78	15	31.71	31.25	563.000	80.000	483.000	563.000
北埼玉	652	3,780	639	1,190	251	31.48	39.28	4,837.129	1,501.306	2,839.412	4,340.718
南埼玉	570	3,367	567	295	84	8.76	14.81	10,666.055	944.500	8,166.869	9,111.369
北葛飾	268	1,430	267	611	156	42.73	16.00	2,877.221	1,403.453	1,473.768	2,877.221
中葛飾	44	239	43	44	9	18.41	20.93	287.090	56.979	230.111	287.090
計	4,041	21,502	3,981	6,956	1,615	32.35	40.57	48,075.270	13,258.494	31,883.562	45,142.056

典拠：埼玉県行政文書明2331

金額及金種別等承知致度候条、別紙様式ニ依リ至急御取調御報告相成度、依命此段及照会候也」との内務省の通牒を受けて、埼玉県が翌年三月二日付で提出した回答から作成したものである。いわば内務省は、日清戦争下の軍事援護について総括すべく、日本への台湾割譲に抗して立ち上がった台湾島民の組織的抵抗が終わったこの時点で、留守家族救助の実態を把握しようとしたのであった。

この表によれば、従軍者家族全体のうち、戸数において約四割、人員において約三割が金銭による救護を受けたことになる。しかしその比率は、横見郡のように従軍者戸数全体の九二・一六％に達している郡がある一方で、秩父・南埼玉・北葛飾の各郡にみるように二〇％に満たない郡があるように、地域によって著しい格差が生じていたのであった。なお横見郡と、兵事義済会が設立された児玉・賀美・那珂郡では、従軍者に対する慰問金の贈与は一切行われていないから、救護以外の義捐金の使途は、そのほとんどが戦死者遺族に対する弔祭金の贈与であったと考えられる。とくにわずか四村で構成され、救護率が最も高い横見郡では、義捐金の大半を救護費に費やしたことになる。また新座郡（二町六カ村）と秩父郡（一町八三カ村）では、被救護人員と戸数が一致していることからみて、出征軍人以外家族をもたない者に救護が限定されていたことが理解できる。したがって、実際に救護が行われたのが三カ村六人にすぎない新座郡はともかく、すくなくも秩父郡では郡一律の対応がみられたといえよう。

こうした格差は、留守家族救護が基本的に地域社会の相互扶助機能に依拠して展開されたことの当然の結果であった。相互扶助には、本来自律的な共同体が前提とされるのであって、むしろ画一的な救護など行われるはずもなかったからである。

内務省の対応

日清戦争下の軍事援護は、これまでみたように、地域社会の相互扶助機能に全面的に依存するものであった。では国家、とくに救貧行政を管掌する内務省は、これにいかに対応しようとしたのであろうか。

内務省が事態の把握に乗り出すのは、開戦後三カ月余りを過ぎた一八九四年一一月八日のことで、内務省県治局長名で、従軍者家族の救護と、戦死者あるいは負傷者の弔祭慰問について「現今貴県ニ於ケル右ノ方法及ヒ之ニ対スル一般ノ感情等御取調ノ上御報告相成、尚ホ此後ニ於テモ時々同様ノ御手続相成度」と照会したのがその最初であった（埼玉県行政文書明八一六の二）。

内務省の通牒は、この照会を含め、すでにみた一八九五年一二月の通牒まで、全部で五回発せられている。このうち一八九五年三月四日付の通牒は、注意を喚起するといった程度の内容であるが、内務省が地域社会の自主的な援護活動に一定の干渉を試みた最初の例であった（埼玉県行政文書明八三三）。

……然処此ニ注意ヲ要スヘキハ就中従軍者家族救護ノ点ニ有之、則一府県内ニシテ救護方彼此厚薄ノ差ヲ生シ、例ヘハ熱閙ノ市街ニ於テハ義捐金等モ多キ筈ニ付、随テ其土地ニ住居スル家族ニ対シテハ救護方行届候モ、荒涼ノ村落、僻遠ノ島嶼等ニ於テハ義捐金モ少ク、若クハ有志者ノ注目ヲ惹カサルカ如キコトアリテ救護方行届兼、為メニ飢餓ニ迫ル者有之哉モ保シ難シ、万一右等ノ者有之ニ於テハ折角ノ美挙モ其効ヲ全フシ得サル次第ニ付、是等ハ十分注意視察セラレテ有志者ヲシテ相当ノ方法ヲ設ケシムル様勧告シ、若シ義捐金等ニシテ不足ヲ告ケ又ハ他ニ救済ノ途無之場合ニ際シテハ、府県税（地方税）、救育費ヲ以テ救助スヘキ途モ有之候義ニ付、右救護方ニ就テハ厚薄ノ差違無之一般普及ヲ期シ候様致度……

産業革命の進展にともなう社会的貧困の拡大は、日清戦争が行われた一八九〇年代に、恤救規則による国費支出を増大させる一方で、府県あるいは市町村が「救育費」なる費目を設けて国家の救貧行政を補完するという事態を生じさせていた（池田敬正『日本社会福祉史』）。この通牒は、こうした地方費の流用によって、財政基盤が脆弱な「荒涼ノ村落、僻遠ノ島嶼等」の救護団体を補助することで、地域間の「厚薄ノ差違」を是正し、留守家族救護の「一般普及ヲ期」すことを依頼したものであった。いわば内務省は、公費支出を厳しく制限した日露戦争時と異なり、地方費で補塡してまでも留守家族救助を奨励したのである。

もっとも内務省がこの通牒を発したのは、前々日の第八議会において、ほかならぬ「厚薄ノ差異」が問題になったことによる。第八議会には、高木正年（立憲改進党）ほか三名によって「戦時ニ際シ召集セラレタル予備役後備役下士兵卒ノ家族ニシテ生活ヲ失フ場合ニ於テハ一箇月一戸金参円以内ヲ以テ扶助スルコトヲ得」と定めた軍人家族扶助法案が提出された。この法案は、第一読会で特別審査委員会に付託、否決されたのち、三月二日に再び第一読会にかけられ、賛否の演説が行われた。法案が否決されたのは、この日反対演説を行った小室重広（自由党）が「国民中ニ今流動シツツアル愛国心ニ向ッテ、誠ニ惨害ヲ与ヘルモノデアルト言ハナケレバナラヌ」と断じたように、地域の自発的な援護活動に水を掛けるとの意見が多数を占めたからにほかならない。こうした議会のありようは、かつて第一議会において、山県有朋内閣によって提出された窮民救助法案が、地主の利益に立脚して「民力休養」を求める民党によって否決されたことを想起すれば、驚くに値しない。

一方、末広重恭（立憲改進党）の次の問いかけは、留守家族救護が地域社会の相互扶助に依存することについて問題の核心をついたものであった（『帝国議会　衆議院議事速記録』9）。

諸君、試ニ身ヲ以テ軍隊《ママ》ト為ッタト仮定ヲセラレヨ、戦地ニ出テ一家ノ困難ニ陥リマスル時ノ場合ニ於テ、此家族ノ救助ヲ不規律ナル所ノ町村ノ慈恵心ニ任ズルヲ諸君ハ喜バレルカ、確カナル国家ノ処分ヲ喜バル、コトデアルカ

留守家族援護を地域社会の自主性に任せることは、「不規律ナル所ノ町村ノ慈恵心」に依存することにほかならないだけに、「不行届不完全ナル場所」（末広）が生じるのは必然であった。無論、それは単に「慈恵心」だけの問題にとどまらず、各町村の経済的規模に応じた問題でもあった。

内務省県治局長江木千之は、末広らの発言を受け、すでにみた前年一一月の照会によって各府県の報告に接した結果、「人民ノ義心ニ依ッテ、救助ノ方法ハ随分行届イテ居ルヤウニ見エルノデアリマス」としつつも、「併ナガラ尚ホ或ハ寒村僻地離島ノ如キハ唯表面ノ報告ノミデハ分ラヌコトモアリ、十分ニ其辺ハ手ノ届クヤウニ致シタイト考ヘテ居ル位デ、重ネテ又各府県ニ向ッテ照会ヲ為シテ居ルヤウナ次第デアリマス」

と答弁したのであった。したがって先引の三月四日付通牒は、江木の答弁はともかくも、その日付をみれば明らかなように、以上のような軍人扶助法案をめぐる議論をふまえて出されたものなのであった。

これに続く一八九五年三月二八日と八月八日の通牒も、前者が「葬祭上虚飾浮華ニ属スル費用」を節約して留守家族救護に転用することについて、後者が救護の継続、徹底について、やはり注意を喚起するといった程度の内容にすぎない。日露戦争との比較であえていえば、これらの通牒は、ひたすら留守家族救護を奨励するといった体のもので、「濫救」に対する配慮さえみられない（埼玉県行政文書明八三二）。

要するに内務省は、日清戦争を通じて、留守家族救護に対する自らの方針らしい方針をしめすことなく終わったのである。それが旧村を前提とした恤救規則と同様に、共同体の相互扶助機能に全面的に依存したものとなったのは、国家がそこで必然的に生じる問題についていまだ明確に認識していなかったからにほかならない。この点については、そもそも日清戦争自体が、明治国家によってはじめて試みられた本格的な対外戦争であったことにも留意すべきであろう。しかし、より本質的な問題は、日清戦争がほぼ常備兵役にある兵士で編成された野戦軍によってのみ戦われ、かつ戦場だけで戦争の勝敗が決した一九世紀型の戦争であった点に求められる（大江志乃夫『徴兵制』）。かかる戦争形態が、これまでみてきた軍事援護のありかたをも規定したのであった。

しかし、こうした日清戦争型の軍事援護は、「プレ総力戦」となった日露戦争において、「隣保相扶」の語の登場とともに、克服されるべき対象となる。

下士兵卒家族救助令の制定

日露戦争は、動員兵力一〇八万八九九六人、戦病死者八万一四五五人、戦傷病者三八万一三一三人に達した。この数字は、日清戦争のそれぞれ四・五倍、六・一倍、三・三倍にあたるものである。しかも動員兵力の大部分は在郷軍人、それも常備兵役として現役とともに第一線兵力を構成する予備役以外の各役の召集に依存しなくてはならなかった。かつ戦争は、小銃・火砲の著しい発達によって逆に陣地戦の様相を呈し、長期にわたる消耗戦となっていく。戦争期間は日清戦争の一〇カ月に対し、一九カ月に達する。かかる大規模な戦争を支えるための戦費も、日清戦争のほぼ一〇倍にあたる一九億八六一二万円余を算し、そのほとんどを内外債に負っていた。まさしく日露戦争は、二〇世紀の総力戦の到来を告げる「プレ総力戦」として登場したのであった（大江志乃夫『日露戦争の軍事史的研究』ほか）。

大国ロシアとの戦いは、動員兵力の増大を予測させただけに、出征軍人留守家族に対する援護の拡充を必須のものとした。内務省は一九〇四年二月八日の開戦直後から、留守家族の救助について陸海軍省と折衝を開始したようである。閣議を請う内務・大蔵・陸軍・海軍四大臣連署の「下士兵卒家族救助令制定ノ件」（三月二四日付）は、日露戦争を「未曾有ノ事件」と位置づけ、その制定理由をつぎのように述べている（「下士兵卒家族救助令ヲ定ム」）。

今回ノ戦役タル未曾有ノ事件ニ属シ前ノ日清戦役ノ比ニアラス、日清戦役ニ際シ已ニ少ナカラサル金額ヲ支出シテ後備召集者ニ手当ヲ支給シタルヲ以テ、今回ノ戦役ニ対シテモ前掲ノ趣旨ニ基キ、私人又ハ団体ノ救助ヲ督励シ、其救助尚及ハサルモノニ対シテハ国費ヲ以テ之カ家族ノ窮状ヲ済ヒ、応召者ヲシテ後顧ノ憂ナク一意其事ニ尽瘁セシムルハ軍国ノ急務ニシテ又国家必要ノ典ナリト信ス、若シ夫レ救助ニ充ツヘキ金額ニ対シテハ臨時軍事費ノ財源ヲ振換へ以テ之ヲ支出セントス

留守家族救助は、請議が「事、軍国士気ノ盛衰」にかかわると述べているように、大国ロシアと戦う上で国民統合が必須の条件であっただけに、まさに急務の課題と認識されたのである。それは軍隊の動員によって労働力と蓄力を奪われ、生産力を著しく減退せざるをえない地域社会に、増税と半ば強制に近い国債応募をとおして戦費を負担させ、なおかつ公費の支出なしに町村住民の醵金――事実上新たな租税負担を強いる形で、留守家族救助を十全に行うことなど到底不可能であるとの状況判断があったからにほかならない。

かくて三月三〇日に閣議決定をみた下士兵卒家族救助令は、四月二日に制定、五月一日より施行されたのであった。

法の内容

下士兵卒家族救助令は、「戦役ニ際シ召集セラレタル予備役、後備役、補充兵役下士兵卒ノ家族」を被救助者とすると定めている（第一条）。ここでいう家族とは、召集の当初より引き続き応召者と同一の家にある祖父母、父母、妻子、兄弟、姉妹をさす（第二条）。ただし召集中出生した嫡出子は、召集の当初より同一の家にあるものとみなされた（同）。

同一の家とは、民法上の家すなわち同一戸籍の意味であって、たとえ妻子であっても、籍のない妻、いわゆる内縁の妻や私生子などは被救助者から除外された。なお救助令は、第一条に規定された家族以外にも、戦役にさいして現役を延長された下士兵卒の家族、または志願により国民軍に編入された下士兵卒の家族にも準用される（第七条）。これに加え、翌一九〇五年二月の改正では、戦争の長期化と人的損耗の累加にともなう動員兵力の増大に対応すべく、国民兵役にある下士兵卒の家族にまで被救護者の範囲が拡張された。

救助を受けるには、下士兵卒の応召のため、「生活スル能ハサル者」との資格要件を満たしていなければならない（第三条）。救助の種類は、生業扶助・現品給与・施療・現金給与等で（施行規則第二条）、その額は、戦死者遺族に支給すべき扶助料の最低額、具体的には一九〇四年四月の改正軍人恩給法の海軍五等卒に対する遺族扶助料＝年額四〇円を超えてはならない（同第三条）。なおこの限度額は一戸あたりのものである。

救助の手続および執行機関には、出願主義および住所地地方長官主義が採用された。すなわち施行規則第一条は、その第一項において「救助ヲ受ケントスルトキハ一家経理ノ任ニ在ル者若ハ之ニ代ル者ヨリ住所地地方長官ニ願出ツヘシ」とし、第二項において「前項ノ願出アリタルトキハ地方長官ハ資産ノ程度労役ノ能否扶養義務者其他救護ヲ為ス者ノ有無竝ニ各種ノ状況ヲ調査シ其許否ヲ決定スヘシ」と定めていた。救助には、本人の出願によるほか、執行機関が職権を行使して自発的に救助を行う方法がある。しかし後者は「濫給の弊」を生じさせるおそれがあるというのが、内務省の基本的立場であった。出願主義がなぜに救助の抑制につながるのか、という問題はのちに詳述する。また住所地地方長官主義の採用は、救助令の事務が国家の事務に属し、その経費も全額国庫負担であることによるが、これも救助を抑制する機能を期待されていた。地方長官は、出願の許否権を有するだけでなく、救助の支給額の標準等、すなわち程度と方法を、被救助者の状況により定める（同第三条）。もっとも、救助令自体には補助機関について何等規定がないものの、地方長官がすべての事務を行うわけではなく、実際には、次章でみる東京府のように府県令によって施行手続等を制定、市（区）町村長をして各種調査・報告にあたらせている。かつ救助は、適当なる他の施設に委嘱し、これを行うこともできた（同第二条）。日露戦争では、愛国婦人会や帝国軍人後援会などの民間団体や、郡・市（区）単位の任意団体など内務大臣の認可を受けた公益法人や公共団体が、地方長官より救助を委嘱されたのであった。

下士兵卒家族救助令は、戦時に限定された法律であるがゆえに、一般現役兵の家族や傷病兵とその家族、あるいは戦没者の遺族を被救助者から除外していた。しかしこの法律で採用された出願主義や住所地地方長官主義、さらには被救護者の範囲・資格要件などは、のちの軍事救護法、さらには軍事扶助法を中軸とする軍事援護制度を貫く基本理念となっていく。

救助方針

内務省は、救助令施行に先だち、四月八日に「抑モ軍人家族ノ救護タル、隣保相扶ノ誼ニ依リ生業ノ扶助ヲ主トシテ、相当自営ノ方法ヲ講セシムルコト、救助本来ノ旨趣ニ副ヒ、且最モ適切ノコトタリ」との内務大臣芳川顕正の訓令とともに、つぎのような「応召下士兵卒家族救助令施行ニ関スル心得事項」をしめしている。「隣保相扶」の語が登場するのは、この訓令と心得が最初である（「下士兵卒家族救護方ニ関スル件」）。

一国家有事ノ秋ニ際シ、応召軍人ノ家族タルモノ亦宜シク応召者ノ非常労苦ニ察シ、尚一層其生業ニ努ムヘキハ勿論ニ付キ、苟モ労力ニ堪ユルモノハ百方之ヲ激励シ、徒ラニ他ニ倚頼スルノ弊ヲ防キ、且濫救ニ陥ラサル様注意ヲ要ス

一家族経理ノ任ニ在リタル下士兵卒応召ノ為メ、其家族糊口ニ窮スルモノアルトキハ、親族知己先ツ其救護ニ勗メ、尚ホ足ラサルニ於テハ隣保相扶ノ誼ニ依リ之ヲ救済スルノ義挙ニ出ツルハ最至当ノ順序タリ、然ルニ親族隣佑ノ扶助若クハ救護ヲ目的トスル諸団体ノ幇助猶ホ及ハサルコトアルトキハ、国家ハ茲ニ始メテ救助ヲ共ニスヘキ義ニ付、其旨趣ヲ誤ラサル様周到注意ヲ要ス

内務省の基本的な救助方針は、留守家族の自助を前提に、生活に窮したときは親族知己、ついで「隣保相扶ノ誼」によりこれを救済するのが当然の順序であるとし、これら親族隣佑の扶助もしくは諸団体の幇助がおよばないときはじめて国家が救助を共にするというものであった。かつ救助令の運用にあたっては、施与的救護＝現金給与を行う場合、「惰眠助長ノ弊」を生じさせるおそれがあるので、被救護者に「独立自営ノ途」をとらせるため、つとめて生業扶助を主眼として、適宜救助金をもって授産就業の方法を講究させるなど、救助令を有効適切に活用することが要求されていた。第一に親戚知己、第二に隣保相扶に救済責任を負

わせたものとしてよく知られるこの「心得」は、しかしながら、「隣保相扶」の主体についてさほど明確でない。しかし内務省がその主体に任じていたのは、のちに述べるように市町村単位の任意団体であった。

ここにみる「隣保相扶」の強調は、戦時下の国家財政をもってしては、貧困留守家族のすべてを救助するなど到底不可能であるとの認識があったからにほかならない。このことは日清戦争の経験から、内務省にとっても自明であった。実際、陸軍省は、救助令公布に先立つ二月二四日、召集下士兵卒中救助を要する人員数を求める内務省の照会に対し、「国民兵及補充兵ニ就キ救助スヘキ戸数ノ比ハ到底精細ノ調査ハ為シ能ハサルモ」としながらも、一九〇三年四月末日現在の予・後備役下士二万六七一一名、同兵卒二七万八七五名のうち、日清戦争における「他人ノ扶助ヲ受クヘキ戸数ノ百分比」が召集下士の一〇・三%、同兵卒の二九・四%であったことから、扶助すべき戸数を下士二七六一戸、兵卒七万九六六四戸と算定、その人員を一家平均二人と概算していた（「下士兵卒家族救助令ヲ定ム」）。したがって、被救助者戸数を応召者の一割と見積もる内務省の計算方法は、貧困留守家族のすべてを救助令の対象とすることをはじめから放棄したものにほかならなかった（「下士兵卒家族救護方ニ関スル件」）。さきの内務大臣の訓令が「軍費多端ノ今日、国家ノ救助ハ素ヨリ救護ノ一部ヲ資クルニ過キサル、以テ一般隣保相扶ノ施設ハ自今益々之ヲ奨励セラルベク」と述べる所以である。しかも日露戦争は、動員兵力のほぼ半数を補充兵役と国民兵役に依存しつつ、軍の予測をはるかに上回る規模の長期消耗戦となっていく。したがって日露戦争下の軍事援護は、内務省の救助方針と相俟って、「隣保相扶」にほぼ全面的に依存する形で展開されることになるのである。

しかし「隣保相扶」が必要とされたのは、単に戦費だけの問題にとどまらなかった。救助令は、戦時に限定されたものであっても、それが救貧行政全体に与える影響は戦時にとどまらなかったからである。すくなくとも井上友一はそのように考えていた。この点については改めてふれることとし、救助令の施行状況についてみる。

施行状況

下士兵卒家族救助令の施行状況は、表1－2のとおりである。救助令の予算は、当初臨時事件費中から一カ年一二〇万円に限り支出するとされていた。しかし内務省の決算額は、約二年間でわずかに五八万三九二八円余にすぎない。なお、この決算額と表中の総計金額とは一致しないが、これは神奈川・静岡・秋田・大分各県における海軍下士兵卒への救助五六九円八一銭九厘（戸数・人員とも不詳）、群馬・静岡・鳥取各県の誤払い一九二円六四銭三厘、島根県の地方団体への交付一〇〇一円六八銭二厘、総計一七六四円一四銭四厘が計上されていないためである（『日露戦争統計集』第15巻）。

総計戸数三万八四二一戸は、全応召人員中、病気および過員帰郷人員を除いた部隊編入下士兵卒九〇万七四七八人のわずかに四・二％にすぎない。内務省は「濫救」防止以上の成果を挙げえたのである。しかし救護の種類は、「惰民助長ノ弊」を慮り、生業扶助に救助の主眼をおこうとした同省の方針に反し、現金給与が圧倒的で、戸数・人員・金額とも全体のほぼ七五％を占めているのに対し、生業扶助は戸数・人員ともに

表１－２　下士兵卒家族救助令の施行状況

道府県	下士			兵卒			合計		
	戸数	家族人員	金額	戸数	家族人員	金額	戸数	家族人員	金額
	戸	人	円 銭厘	戸	人	円 銭厘	戸	人	円 銭厘
北海道	－	－	－	2	2	62. 400	2	2	62. 400
東京	35	100	662. 763	1, 183	2, 833	13, 779. 211	1, 218	2, 933	14, 441. 974
京都	4	9	69. 250	538	1, 115	6, 503. 355	542	1, 124	6, 572. 605
大阪	2	8	14. 761	126	416	1, 894. 389	128	424	1, 909. 150
神奈川	1	9	18. 090	162	607	2, 216. 587	163	616	2, 234. 677
新潟	5	14	137. 880	2, 044	3, 591	52, 382. 627	2, 049	3, 605	52, 520. 507
埼玉	－	－	－	15	48	72. 210	15	48	72. 210
群馬	6	17	176. 100	589	1, 518	19, 892. 237	595	1, 535	20, 068. 337
千葉	28	105	562. 457	1, 168	5, 616	23, 149. 057	1, 196	5, 721	23, 711. 514
茨城	33	125	435. 307	1, 609	4, 411	23, 878. 537	1, 642	4, 536	24, 313. 844
栃木	9	43	162. 080	490	1, 584	9, 822. 206	499	1, 627	9, 984. 286
奈良	11	27	231. 110	1, 105	2, 840	18, 708. 103	1, 116	2, 867	18, 939. 213
三重	55	401	686. 465	2, 074	12, 017	22, 011. 158	2, 129	12, 418	22, 697. 623
愛知	3	11	58. 200	94	346	675. 400	97	357	733. 600
静岡	21	88	386. 996	1, 071	4, 728	21, 551. 749	1, 092	4, 816	21, 938. 745
山梨	－	－	－	14	14	113. 859	14	14	113. 859
滋賀	6	16	84. 500	323	1, 227	6, 227. 300	329	1, 243	6, 311. 800
岐阜	2	4	7. 730	82	191	388. 730	84	195	396. 460
長野	6	18	160. 465	235	844	5, 776. 860	241	862	5, 937. 325
宮城	－	－	－	606	2, 600	13, 257. 280	606	2, 600	13, 257. 280
福島	7	36	106. 543	342	1, 502	3, 939. 266	349	1, 538	4, 045. 809
岩手	80	311	622. 125	1, 548	5, 759	14, 563. 631	1, 628	6, 070	15, 185. 756

青　森	3	8	67. 000	304	1,064	4,419. 650	307	1,072	4,486. 650
山　形	12	40	158. 920	536	1,718	6,071. 133	548	1,758	6,230. 053
秋　田	24	128	399. 110	473	2,036	7,074. 180	497	2,164	7,473. 290
福　井	21	74	321. 750	1,013	3,685	14,484. 429	1,034	3,759	14,806. 179
石　川	30	72	179. 812	1. 119	2,328	8,987. 420	1,149	2,400	9,167. 232
富　山	29	74	407. 894	1,387	3,104	18,252. 181	1,416	3,178	18,660. 075
鳥　取	11	23	139. 400	448	1,043	10,446. 204	459	1,066	10,585. 604
島　根	19	61	430. 840	1,000	3,124	19,411. 990	1,019	3,185	19,842. 830
岡　山	17	51	340. 514	1,351	3,821	21,774. 939	1,368	3,872	22,115. 453
広　島	7	18	121. 360	818	2,074	15,075. 025	825	2,092	15,196. 385
山　口	27	96	477. 770	988	3,545	14,739. 959	1,015	3,641	15,217. 729
和歌山	1	5	15. 030	767	2,615	6,996. 163	763	2,620	7,011. 193
徳　島	8	27	72. 300	812	2,954	11,081. 764	820	2,981	11,154. 064
香　川	1	4	15. 000	436	1,572	6,958. 000	437	1,576	6,973. 000
愛　媛	33	61	172. 355	1,690	7,070	20,477. 431	1,723	7,131	20,649. 786
福　岡	99	170	914. 584	2,940	8,802	51,114. 372	3,039	8,972	52,028. 956
大　分	68	194	809. 460	2,655	6,358	24,254. 953	2,723	6,552	25,064. 413
佐　賀	26	91	311. 393	1,171	4,188	15,830. 295	1,197	4,279	16,141. 688
熊　本	24	56	374. 840	908	2,001	16,852. 153	932	2,057	17,226. 993
宮　崎	9	29	82. 036	382	1,250	4,546. 276	391	1,279	4,628. 312
鹿児島	11	20	102. 600	1,000	2,221	11,825. 080	1,011	2,241	11,927. 680
沖　縄	–	–	–	9	16	128. 003	9	16	128. 003
兵　庫	–	–	–	–	–	–	–	–	–
長　崎	–	–	–	–	–	–	–	–	–
高　知	–	–	–	–	–	–	–	–	–
合　計	794	2,644	10,496. 790	37,627	120,398	571,667. 752	38,421	123,042	582,164. 542

註・道府県の順位は原表による。ただし被救助者の存在しない兵庫・長崎・高知の各県は原表に計上されていない

典拠：陸軍省編『戦役統計集』第15巻

わずかに六%、金額では三・五%にすぎなかった(同前)。

救助件数は、道府県毎の応召人員数を明らかにしえないだけに単純な比較はできないものの、著しい格差が生じている。兵庫・長崎・高知県のように、全く救助が行われていない県すら存在した。

救助件数の極端に少ない道府県のうち、埼玉県の場合は、県の姿勢が救助の抑制につながった典型的な例であった。埼玉県は、従軍者に内顧の憂いなく一意君国のことに従わせるのは「郷党ノ義務」と位置づけ、一九〇四年二月の開戦直後、郡長に訓諭、各町村に軍人家族救護組合を設立せしめ、生計の救助はもちろん「一家日常ノ監護」をなさせしめることとした。四月に下士兵卒家族救助令の発布があったものの、「其費額ハ素ヨリ限アルヲ以テ、勗メテ団体ノ力ニ由リ完フセンコトヲ指導シ来レリ、随テ国費救助ノ許可ヲ与ヘタルモノアラサルナリ」という状況にあった。その後、応召軍人が著しく増加したため、翌年四月に属僚を派遣、実況を視察した結果、「今後或ハ団体ノ救護ノミ委シ難キモノアランコトヲ慮リ」、ようやく七月になって「応召下士兵卒家族救助内規」を設定、国費救助の取扱方法を郡長に内訓するという有様であった。戦後、埼玉県が内務省に提出した「戦時中ニ於ケル事績調」は、各町村あるいは大字等の救護団体が「熱心従事シ隣佑相扶ノ誼ニ尽」し、「為メニ国庫ノ救助ヲ受クルニ至レル者僅ニ十四戸ニ止マレリ」と揚言している(『新編 埼玉県史』資料編19)。

また北海道、山梨県、沖縄県の場合も、一戸当たりの救助人員が北海道と山梨が一人、沖縄が一・八人であったように、応召者以外家族がなく、なおかつ全く労働能力をもたない者にきびしく救助が限定されていたことをしめしていよう。

しかし、必ずしもこうした県の姿勢のみが救護を抑制したのではなかった。なぜなら救助令は、出願主義を採用していたからである。出願主義を採用する以上、出願を抑制する何らかの手だてが必要であった。

井上友一の救護観

当時内務省書記官で、のちに地方改良運動の中心的なイデオローグとなる井上友一は、戦後の自著『救済制度要義』のなかで、下士兵卒家族救助令の制定とその運用のありかたについて次のように回顧している。

次に吾人か究めんことを欲するもの他なし、近年の制定に係れる特種的救貧制度即ち軍人家族救助令是なり。該制度は之を普通の救貧制度に比すれは軍国士気の盛衰に鑑み出征者をして後顧の憂なからしめんとしたるの理想を有する点に於て異なり。則ち尋常の経恤行政に加ふるに尚ほ一種の軍務行政の要素を包含す。是を以て其経費は国家之を負担し其行政は国家の機関に委し地方団体の経営に属せしむることとせり。而して此法制の作用に於て国家の最留意を為したる点は各国の救貧行政に於ける義務救助主義の弊を防止せんとするに在り。是を以て新制度に於ては第一地方団体義務救助の主義を排し、二に国家の行政機関に依り資力を調査し救否を決定せり。曩に二十七八年日清戦役に当り後備応召下士卒の家族に対し百八十余万円を支出し其資力如何を審査せすして一定の分配的給与を為したるものに比すれば新制に於ては全く考案を一変し絶対的窮乏者に非されは救助せさることと為せり

『救済制度要義』における井上の基本的な立場は、義務救助が濫救に陥り、惰民の助長につながるという、一九世紀イギリスの自由主義を背景としたマルサス主義貧困観にもとづく自助論の観点から、義務救助主義を批判するものであった。したがって井上は、義務救助主義にもとづく下士兵卒家族救助令を「軍務行政の要素を包含す」として一般救貧制度から峻別するとともに、その運用にあたっては「第一地方団体義務救助の主義を排し、二に国家の行政機関に依り資力を調査し救否を決定せり」――市町村に救済義務を負わせる義務救助主義を排し、住所地地方長官主義を採用したというのである。そして被救護者を絶対的窮乏者に限定することで、濫救を防止しようとしたと主張しているのであった。こうした観点に立てば、日清戦争後、陸海軍省が後備応召下士卒に対して召集一カ月につき三円の割で特別賜金として一律支給したこと（「下士兵卒家族救助令ヲ定ム」）が批判されるのはけだし当然であったといえよう。したがって井上は、下士兵卒家族救助令を特別賜金の延長線上においた前記の内務・大蔵・陸軍・海軍四大臣の請議とは異なる立場に立っていた。

ただし、『救済制度要義』が書かれた一九〇九年の時点での井上のこうした考え方が、そのまま従来の内務省の一貫した立場を表明するものであったわけでは決してない。たしかに近代日本初の国家的救貧制度である一八七四年の恤救規則は、「人民相互ノ情誼」＝地域社会の相互扶助を前提として、救済対象を労働能力をもたない「無告ノ窮民」に厳しく限定した、きわめて制限主義的な法律として成立した。しかし本源的蓄積期から産業革命期にかけての社会的貧困の成立と拡大は、かかる恤救規則の救済人員・救助金をともに増加させる一方で、これに代わる新たな救貧制度の必要性を内務官僚にも意識させることとなった。山県内閣が一八九〇年一二月に窮民救助法案を第一議会に提出したのは、その最初の例であった。ついで一八九七年には、ドイツ留学後、内務省衛生局長に就任した後藤新平の国家主義的救済論にもとづく恤救法案と救貧税法案が、さらに一九〇二年には、一八九八年に成立した隈板内閣のもとで内務省によって作成された窮民法案の標題を改め、条文を若干整理した救貧法案が、各々議員立法として議会に上程された。これらの法案は、いずれも未成立に終わったとはいえ、内務省が起案し、市町村に救済義務を負わせる義務救助主義の立場にたっていたことで共通する。そして右救貧法案の委員会審議において、政府委員としてかつて自省の作成した法案を「惰民ヲ助長」し、「国費ノ乱用」をもたらすと批判したのが、この年欧米各国の自治の実状を視察して帰朝、内務省地方局府県課長に転じた、ほかならぬ井上友一であった（池田前掲書）。したがって内務省がマルサス主義貧困観にもとづく自助論を導入することによって義務救助主義を明確に否定していくのは、一九〇〇年代以降、おそらくは井上の府県課長就任を契機としていたのである。

井上によれば、「救貧法提出の議一たひ止みてより以来政府は全然之を地方団体の任意事務に委任」することとなったという。この方向を決定づけたのが、日露戦後の一九〇八年五月、内務省地方局長名で発せられた「済貧恤救ハ隣保相扶ノ情誼ニ依リ互ニ協救セシメ国費救助ノ濫救矯正方ノ件」通牒であった。この通牒は、「隣保相扶」を前提として、国家の救済責任を市町村の任意事務に代位させることで、国庫救助金を削減しようとしたもので、すでに進んでいた救貧行政の地方費依存を決定的なものとしたのであった（同前)。いわば日露戦争下の軍事援護は、こうした内務省の救貧行政における転換点に位置していたのである。

救助令が市町村の義務救助を排したのは、留守家族に自助を要求するさい「宜シク応召者ノ非常労苦ニ察シ」(前掲「心得事項」)としかいいえなかったことに端的なように、論理的に「貧困」の責任を帰すことが困難な出征軍人の留守家族に、義務救助が「貧困者」としての権利意識を芽生えさせ、結果として「濫救」につながることが危惧されたからにほかならない。このことは、「心得事項」を字義どおり、地方長官、市町村長、そして最終的には「人民」が心得るべき事項として読むとき、おのずとあきらかであろう。本来、貧困者の救済は親族知己、ついで「隣保相扶ノ誼」により、これを行うのが当然の順序なのであって、国家はそれらがおよばないときはじめて救助を共にするのがもっともな道理であるとの主張、とりわけ「其旨趣ヲ誤ラサル様周到注意ヲ要ス」との文言。かかる文脈でみれば、救助令が後年の軍事救護法のように公民権停止の例外規定を設けなかったことも、被救助者が「絶対的窮乏者」以上の意味をもたないことを暗に示そうとした措置とさえ思えてくる。出願主義によって救護を抑制するためには、このように救助令のもつ義務救助的性格を可能な限り払拭しておかなくてはならなかった。それは、救助令の一般救貧行政におよぼす影響を断ち切るために不可欠な措置であったのである。留守家族が、地域社会の自発性にもとづく相互扶助によって救済されなければならなかったもう一つの理由はここにある。

「隣保相扶」の創出

しかし、地域社会の相互扶助に依存することは、内務省にとって一面危険な賭けでもあったはずである。なぜなら相互扶助は、本来自律的な共同体を前提とするだけに、旧村＝大字の結束を強固にさせることによって町村合併以来くすぶりつづける行政村の内部対立を顕在化させ、ひいては国民統合上の桎梏ともなりかねなかったからである。こうした事態は、大国ロシアとの戦争を遂行する上で絶対に許されないことであった。しかも地域社会の相互扶助は、日清戦争の経験に徴するに、「不規律ナル所ノ町村ノ慈恵心」（末弘重恭）によって同一府県内において救護の著しい格差を生み出すのは必然であった。とはいえ、国費救護に限らず、「濫救」は防止されなくてはならない。日清戦争のときのように、ひたすら留守家族救護を奨励するというわけにもいかなかったのである。内務省は、留守家族救助を地域社会に委ねながら、生業扶助の強調に端的にみられるように、救護の方法等についてその主体性に委ねる気はさらさらなかった。

したがって、内務大臣訓令と「心得事項」がしめされた翌四月九日の内務次官通牒は、地方長官に対し、金銭給与が「諸種ノ情弊」をともない、救護の持続も困難であるからなるべくこれを避け、留守家族の「独立自営」のための施策を講ずるよう指示するとともに、つぎのように戒めなくてはならなかった（「下士兵卒家族救護方ニ関スル件」）。

元来是等救助ニ関スル施設ハ隣佑相扶ノ誼ニ基クモノナルヲ以テ、協同一致事ニ従フヘキハ勿論ノ義ニ候処、地方ニ依リテハ或ハ一時ノ感情情実ニ制セラレ、数個区々ノ団体ヲ設ケ、却テ隣保緝睦ノ実ヲ失フモノモ有之趣、果シテ如斯事有之候ニ於テハ、徒ラニ煩雑ヲ来シ、延テ自然競争ノ弊ヲ生スヘキヲ以テ、是等ニ対シテハ統一確実ノ方法ヲ指示相成候様致度……

ここでは、行政村のなかに「数個区々ノ団体」＝各大字が団体を設けることが批判されている。それは「隣保緝睦ノ実」を失うというのである。したがって内務省のいう「隣保相扶」とは、あくまで行政村を基本とし、町村住民が「協同一致事ニ従」うことを前提としたものであった。すなわちそれは、恤救規則における「人民相互ノ情誼」（前文）や「市町村内或ハ隣保等ノ情誼」（調査心得）のよりどころとなる共同体の存在を否定するところから出発したものにほかならない。右調査心得に即して言えば、旧村のさらに小領域を指すものでしかなかった「隣保」は、市町村住民に行政村に対する一体性の意識をもたせるべく、著しく拡大されたのであった。

この次官通牒は、前記四大臣の請議が、「適当ノ扶養義務者アルトキハ先ツ之ヲシテ相当ノ扶助ヲ為サシメ、其足ラサルモノニアリテハ、大ニ隣保郷党ノ扶助ヲ奨励シ、地方公私諸団体亦之ニ助力スルヲ以テ策ノ得タルモノト為スヘシ」として隣保や「郷党」＝共同体の扶助を奨励していたことに対するあきらかな修正であった。この請議と、「隣保相扶」を謳った一連の内務省の文書を比較して気づくのは、前者が留守家族に対して自助努力を要求していないことである。したがってそれは、人民に対する「心得事項」としてしめされるさい、内務省によって書きかえられる必要があった。その根底に井上の救護観が存在することは、もはや論をまたない。いわば「隣保相扶」は、「隣保団結ノ旧慣ヲ尊重」する市制町村制と異なる原理に立ち、のちに共同体の解体を目指す地方改良運動を導いた井上友一の自治論とともに、歴史の表舞台に登場したものなのである。

まさしく「隣保相扶」とは、前近代よりの系譜を引く自律的な共同体を前提とした相互扶助、さらにはこれに全面的に依拠した日清戦争型の軍事援護を克服すべく登場した、近代国家の相互扶助にほかならなかった。しかし、こうした内務省の筋書どおりに事が運ぶはずもなかった。なぜなら旧村たる大字の共同体的特質は、日露戦後に内務官僚をして地方改良運動を行わしめたことに自明なように、いまだ強固であったからである。したがって日露戦争下の軍事援護は、次章で対象とする東京府下の軍事援護にみるように、こうした国家と地域社会、さらには行政村と共同体との緊張関係、せめぎあいのなかに展開されていくこととなろう。

第二章　東京府下における軍事援護の展開

「隣保相扶」の主体

日露戦争当時、東京府は一五区からなる東京市と、隣接五郡および多摩三郡からなる郡部によって構成されていた。東京府では、東京市に京都・大阪市とともに一般市制が施行された一八九八年（明治三一）九月以降も、「東京市、京都市、大阪市ノ区ニ関スル件」で区長が府知事の命令指揮を承け、または委任によって区内に関する国および府の行政事務を管掌しうる措置がとられ、とくに同年六月の戸籍法により、区長が戸籍吏として戸籍または身分登記に関する事務を管掌していた。そのため府では、戸籍役場に市役所でなく区役所があてられ、町村役場とともに兵事行政の末端に位置づけられたのであった。すでに日清戦争前の一八九三年には、徴兵事務条例の改定により、それまで区を徴募区としていたのを改め、市をもって徴募区となし、さらにこれを検査区に分けて区をあてたが、身体検査など徴募区毎に行われるのを原則とする徴募事務は、抽選事務を除き、三市に限って検査区毎に執行されたのであった。したがって東京府の場合、日清戦争前後から、徴兵慰労を目的として設立された団体は、区および郡単位でみられる。しかし郡部では、戸籍を通じて留守家族を把握しうる町村長の下に、半ば行政と一体化した「私設団体」が組織され、「隣保相扶の主体となっていくのである。

こうした東京府における軍事援護については、すでに『東京百年史』(第三巻)が、①東京市が「雑居の街」であるがゆえに、留守家族救助が「隣保相扶」によることなく、きわめて個人的な篤志(=「美談」)によって支えられたこと、②各区の救助件数が地域の住民構造では解きえない問題を含んでおり、行政当局の対策の進め方に規制されていたことなどをあきらかにしている。ただし同書は基本的に市域を対象としたものであり、郡部の動向についてほとんどふれていない。また市域で留守家族救助の中心になった区団体は、①の指摘にもかかわる問題として、その活動をもっぱら有志者の寄付金によっていた。したがって本章および次章では、「隣保相扶」と共同体の相互扶助の関係を問うという目的から、郡部における町村団体の活動を中心に留守家族救助のありかたを検討することとする。

そのさい本章では、『東京府管下時局状況一班』(内閣文庫所蔵)を基本資料として用いる。この『時局状況一班』は、府の属僚が一九〇四年度末に東京市の各区および各郡の町村において、留守家族救助をはじめとした時局に対する一般状況について調査した復命書などをもとに作成されたもので、日露戦争下における府下の軍事援護について俯瞰しうる唯一の資料であるからである。したがって以下では、これを基本に、適宜復命書を用いつつ解析を行う。

郡部では、北豊島郡兵員慰労義会(一八八八年三月設立)、南葛飾郡兵事義会(一八九一年九月設立)、北

多摩郡兵員慰労義会（一九〇一年四月事業開始）が戦死者遺族に対して弔慰金を贈与しているものの、留守家族救助についてはこれを行いえなかった（『時局状況一班』）。それゆえ郡団体は、南葛飾郡兵事義会が「時局以降町村団体カ殆ント其全力ヲ挙ケテ出征者等ノ家族救護ニ尽セルニ反シ、郡兵事義会カ僅ニ其戦病死者弔慰金額ヲ増額セルニ過キサルハ聊カ物足ラヌ心地セラル」と報告されたように、町村団体に比して軍事援護全体に占める役割低下を免れえなかった。その理由は、郡団体が「目的タル事業執行ノ上ニ就テモ、主トシテ町村団体ノ財力」に依存していたことによる（『南葛飾郡復命書』）。

その顕著な例としては、南多摩郡尚武会の活動が挙げられる。同会は遺族に対して弔祭料を贈与していたものの、戦死者の増加とともに「該会ノ資力到底之ニ応スル能ハサルノミナラス、当時必要ナル軍人困難家族ノ救助ヲ行フ得サルヲ以テ」全くこれを停止し、「名義ノミニテ存」する状態になったという。復命書は、尚武会が留守家族救助を行い得なかった理由を規約の問題に求めているが、事実はそうではない。同郡では、各町村に留守家族救助が委嘱されたさい、郡長より示された標準にもとづき、尚武会の支部に新たに救護規約を設けるか、救護団体が新設されたと報告されているからである（『南多摩郡復命書』）。この点、南足立郡が「出征軍人戦病死者弔慰方法協約書」なるものを設け、贈与金を各町村ごとに一定の割合で負担、拠出させることにしているのは、郡団体そのものが存在しなかったか、もしくは郡団体の財源を半ば強制的に確保するための措置であったろう（『時局状況一班』）。豊多摩、西多摩、荏原郡については、郡団体の活動についての報告すらなされていない。したがって郡部では、町村団体が留守家族救助を行うほとんど唯一の団体となったのである。

府下の町村では、全二〇町一二七カ村七組合のうち、二〇町一一八カ村五組合に統一団体が組織された（表2－1）。これに対し、字などに救助団体が設立されていても、統一団体が組織されなかったのは荏原郡羽田村、西多摩郡戸倉村、同檜原村、北多摩郡国分寺村の四カ村で、救護団体が全く組織されなかったのが荏原郡世田谷村、同平塚村、北豊島郡中新井村、西多摩郡成木村、南多摩郡元八王子村、北多摩郡高木村外五カ村組合、同中藤村外三カ村組合の五カ村二組合であった。このうち荏原郡の各村は、「救護ハ之ヲ各大小字ノ隣保相済ニ任セ、村団体トシテ之ヲ企ツルノ不得策ナル事情アルモノトス」と報告されている（「荏原郡復命書」）。戸倉村では一戸を構える者を会員とする徴兵報労会と、「本村青年」をもって組織された出征軍人家族労力補助団が救護団体として併記されているため、一応Bに分類しているが、本来両者を統一団体とみなすべきであろう。また同郡檜原村では、青年および篤志者からなる出征軍人家族慰労会と、後者のみからなる出征軍人家族慰労会営業部が併記されているが、こちらは「一戸一ヶ月三円以内ヲ支給ス、救護団体ノ区域異ナルヲ以テ重複スルコトナシ」と注記されている（『時局

表2－1　町村団体の形態

郡　名	町村数	団体の形態		
		A	B	C
荏　原	2町17村	16	1	2
豊多摩	3町11村	14	0	0
北豊島	4町17村	20	0	1
南足立	1町9村	10	0	0
南葛飾	3町21村	24	0	0
西多摩	2町21村	20	2	1
南多摩	2町17村	18	0	1
北多摩	3町21村	21	1	2
合　計	20町134村	143	4	7

註・A＝統一団体が組織された町村、B＝統一団体が組織されなかった町村、C＝団体が組織されなかった町村
・村には組合村を含む
典拠：『東京府管下時局状況一班』

状況一班』)。

ただし、この分類はあくまで目安にすぎない。たとえば救助団体が設立されなかった元八王子村では、団体の会則・規約等こそなかったものの、「全村共同」で留守家族救助にあたっている。成木村もほぼ同様である。逆に、従来より郡兵事義会の支会が各町村に組織されていた南葛飾郡にあっては、留守家族救助について「毫末モ関与セス、各部落ノ隣保相済ニ放任」した葛西村や、「村団体トシテ救護其他ノ事項ヲ規定セリト雖、実際ニ於テハ毫モ行ハレス、各大字ニ於テ救護慰問等ヲ為ス」小松川村、さらには「全ク村団体ニ於テ与ラス、部落ニ於テ各之ヲ為セリ」との吾妻村のような例がみられたのであった(『南葛飾郡復命書』)。また南多摩郡南村では、新たに恤兵会を設立したものの、「其ノ内容ハ各区(区ハ大字)ニ執行ヲ委嘱シテ救助シ居ルヲ以テ、扶助法ノ詳細ハ役場ニ於テ判明セス」という有様であった(『南多摩郡復命書』)。こうした事例は、従来より兵員慰労義会が存在していたものの、「全村ヲ十三部落ニ分チ、各部落ニ於テ救護其他一切ノ収支ヲ為スヲ以テ収支詳カナラス」とされた荏原郡目黒村や、やはり兵員慰労義会が軍隊の送迎のみを行い、救護について村長が独自に麦および金員の寄付を募り、三戸に分与したほか、これを「隣保相済」に任せた調布村にもあてはまる(『時局状況一班』)。このように大字の規制力によって統一団体の活動が事実上立ち行かなくなる事例は、後述する北多摩郡の各町村に顕著であった。

一方、統一団体が円滑に活動を行いえた郡では、北泊謙太郎「日露戦争中の出征軍人家族援護に関する一考察」から得た知見をふまえていえば、八王子町・元八王子村を除く全町村が、種蒔・収穫期における労力補助等を区（南村）、大字（忠生・由井村）、小字（堺・横山村）、組（川口村）、「大字中五人組」（稲城村）、隣保親戚（日野町、加住・恩方・多摩・横山村）単位で行っている南多摩郡のように、村団体のみならず、これと大小字、さらには隣保もしくは親戚との重層構造の下に、留守家族救助が分掌されていたのであった。

村団体の組織形態

町村団体は、村長を会長とし、役員等に村会議員を配し、有志をもって組織する例も散見されるものの、基本的には全戸主もしくは全住民を会員として組織されていた。

荏原郡復命書は、こうした町村団体の「団体役員ノ組織」について、次のように述べている。

会長ハ概ネ町村長、副会長ハ概ネ助役ナリ、マ、之カ例外アルハ、事情町村長・助役ニ会長・副会長ノ名称ヲ冠スルコトノ不得策ナルニ因リ、実際ノ事務ハ全ク町村長等ノ取扱フ所タリ、幹事・評議員・委員（大崎、松沢、碑衾、品川、矢口、池上、大井ノ委員ヲ除ク）ハ、其町村長、議員ヲ以テ之ニ充テタルモノト雖モ、主トシテ町村ノ有力者タル村会議員之ニ当ルノ結果、自ラ会ハ一種ノ村会ニシテ、其事務亦随テ役場事務タルヤノ観アリ、会ト役場ノ関係ノ如キハ毫モ之ヲ究ムルノ必要ナシ

このように行政と一体となった団体のありかたが、内務省の意に添うものであったことは、一九〇四年五月三日付地方局長名の通牒で、各地の救助団体のうち、その事務管理を市町村長に委嘱し、金銭の収支を収入役に委託するものが少なくないことをついて、「適当ノ方法」と追認していることにあきらかであろう（「軍

人家族救護団体監督ニ関スル通牒案」)。また村団体が「一種ノ村会」であったのは、とりもなおさず各字の利害調整を必要としたことによる。このことは、救護に関する審査が「委員、評議員ノ仕事タルヲ普通トシ、救護ノ申立、応召者家族生活状況ノ下調等ハ、概ネ大小字ニ設置セル委員ノ職務ニ属」したことに端的にあらわれている。

それゆえに一方で、各大字の自律性が強く、内部対立を抱える村では、統一団体の設立は容易になされなかった。荏原郡では、一八九三年一一月に町村巡視が行われたさい、町村制施行後に町村長の交代がみられた村には「下」の評価がくだされたが、これに該当した羽田、調布、平塚、目黒、入新井の五カ村は、入新井村を除き、いずれも救助を「隣保相済」に任せた村であった(『大田区史』下巻)。このように町村合併以来、旧村の対立がみられた村では、大字の規制力によって統一団体が組織されないか、事実上有名無実化せざるをえなかったのである。

町村団体の資金は、開戦直後の二月一三日付内務省地方局長名の通牒(「通牒案」)で、公費の支出がきびしく制限されたため、戸数割賦課もしくは地価地租に準じ、あるいは「身元」に応じて会費を徴収するか、もしくは寄付金を募るのがほとんどで、稀に定額の会費を徴収する団体もある。公費の支出が制限されたのは、非常特別税法が地方税の賦課を制限したことによる。無論、寄付金の名を冠していても、実態として会費と何ら変わるところがなく、住民にとっては新たな租税・公課の負担を意味していた。そのさい、南葛飾郡のように各町村一律に応召者の家を除外した例や、わずかであるが、字ごとに会費を分賦した村もみられる（『時局状況一班』）。後者の場合、村内一律に会費を負担させせえなかったことによるが、復命書等をみる限り、むしろこちらの方が一般的であった。また会費の徴収は、基本的に大字ごとに設置された委員が担当し、そのさい費目によっては大字限りの負担がみられたのであった。いずれにせよ、町村団体では、区団体が有志者の寄付金を資金としたのとは対照的に、住民に新たな負担を強いる形で運営されたのであった。農村は徴兵、徴発、供出は無論のこと、増税や国債、さらにはかかる負担を通して戦争を支えたのである。

救助の方法としては、稀に白米など現品給与もみられるとはいえ、現金給与がほとんどであった。内務省の奨励した生業扶助や授産授職については、南足立郡舎人村が真田編みの練習工場を設置して留守家族を収容したのが目を引くくらいである。生業扶助は、とくに市部において、幼児保育とともに個別対象に対し大きな意義をもっていたとしても、軍事援護総体からみたとき、中心とはなりえなかった。そもそも徴兵制がおもに依拠するのは、恤救規則が対象とするような労働に耐えない者を除き、農村はもとより、都市においても夫婦もしくは家族全員が働き手であることで生計を維持する層であったからである。まさに生業扶助とは、貧困者を「無為徒食ノ民」「惰民」とみなす内務官僚の幻想が生み出した観念的な救助にほかならない。

以上にみたような団体のありかたは、国費救助をも規定していく。東京府では、区および町村団体に国費救助が委嘱されたからである。

国費救助の委任

東京府は、下士兵卒家族救助令の運用にあたって、「配付ノ救助金ハ応召軍人数ニ割当テ、之ヲ郡区長ニ令達シ、総テ其範囲内ニテ部内ノ救助ヲ行ハシムルコト、シ、尚其取扱ハ可成各郡区町村私設ノ救護団体ニ委嘱」している（『時局状況一班』）。その理由は、国費による救助額が僅少で、「直接救助」を行いえなかったことによる。府は四月九日、救助令公布をふまえ、区長会を召集してその実施方法について協議したが、そこでしめされた「国費救助ニ関スル意見」は、直接救助を行いえない理由を「其結果ハ各私設団体ヲシテ国費救助ニ依頼セシメ、其施設ヲ遅緩ナラシメ、延テ隣佑相扶ノ美風ヲ破壊スルノ明カナルノミナラス、国費救助ハ僅少ニシテ私設団体ノ救助ト相待ツニアラサレハ実効ヲ奏スルコト能ハサレハナリ」として、次のように説明している（「下士兵卒家族救助令施行手続制定ノ件伺」）。

国費救助ノ予算ハ応召者ノ一割ニシテ、一戸ノ平均一ヶ年金弐拾四円ノ割合ナレハ、東京市ノ三月末日ノ現況ニ依テ案スルニ、応召者数ハ凡六千八百五十四人ニシテ其救助金年額金壱万六千四百六十円ナリ、之ノ月額ハ金千三百七拾円ナリトス、是ヲ市内各私設団体ニ於テ救助シツヽアル戸数二千六十六戸ニ配当スレハ、一戸ニ対スル月額僅カニ金六拾六銭余ニ過ス、是国費ノ予算ハ応召者ノ一割ヲ率トセルモ、実際救助ヲ要スル戸数ハ三割強ニ当ルカ故ナリ、内務省ノ通牒ニ依レハ応召者ノ家族ノ寄留スル者アルトキハ、其数ヲ応召者ノ員数ニ加算シテ配当ヲ増加セラルヘキモ、此ノ増加ノ為著シク被救助戸数ノ分全ニ影響スルニ至ラサルノミナラス、救助戸数ハ将来日ニ月ニ逓加スヘキハ必然ノ結果ナリ、故ニ国費ハ直接救助ヲ為サヽルノ方針ヲ採リ、私設団体ヲ益々誘導激励シテ其基礎ヲ鞏固ナラシメ、其行動ヲ完全ナラシムルニ努ムル外途ナカラン

三月末日現在、東京府の応召員総数は、区部が六八五四人、郡部が四九六一人、合計一万一八一五人で、このうち救護を要する戸数および人員は市部が二〇六六戸・四六九五人、郡部が一一二七戸・四一七四人、合計三一九三戸・八八六九人と見積もられていた。したがって、内務省の計算方法に立てば、救助額は二万八三五六円となり、すでに施行前に予算配当額二万六四九八円四〇銭は、一八五七円六〇銭の不足が生じていたのであった。

また府は、内務省が強調する生業扶助についても、当初消極的であった。すなわち「意見」は、東京市のように「広袤数里ニ渉ル大市」ではたとえ二、三の授産場を設けたとしても、留守家族の幾部分をも収容できないばかりでなく、多額の資金を必要とするゆえに国費救助金をもって新たにこれを設けるのはすこぶる適当でないので、他の施設に委託する方法をとるしかないが、現在一、二の施設はあってもその規模が狭少で未だ国費救助の唯一の授産機関とする域に達しない、として生業扶助を退けたのであった。このように直接救助を行うことができず、生業扶助も適当な施設がない以上、本来国費救助をなしうる余地はない。しかし「意見」は、「勅令ハ単ニ自活シ能ハサル者ハ救助ストノミニシテ、其精神タル隣保相扶ノ誼ヲ重スルノ点ニ至リテハ何等ノ明文ナキヲ以テ、国費救助金ヲ存置シテ一意私設団体ヲ誘導激励スト雖、其効果ヲ修ムルコト難カルヘシ」と出願を完全に抑制できないことを見越し、ゆえに国費救助金は「各私設団体ニ分与シ

其団体ヲシテ救助ノ実績ヲ挙クルコトヲ監督奨励スルノ捷径ナリ［ト］認ム」と、結論づけたのであった。

かくして府は、四月二三日、郡区長にあてて、救助令の出願者があったときは、「隣保相扶ノ誼ニ依リ郡区町村ノ私設団体等ニ於テ之ヲ救済幇助スルハ勿論ノ義」であるから、「先私設団体ニ交渉シ、救護ノ方法ヲ設ケ、隣保相扶ノ途ヲ全フスル様、相当御措置相成度」との通牒を発する一方、この前日に郡市長にあてた東京府訓令乙第七七号において、字団体の設立を規制した内務次官通牒をふまえ、郡市町村に設立する私設団体については「可成鞏固ナル一団体」となすことを要求したのであった（「国費救助ニ関シ通牒案」）。さらに六月六日には「下士兵卒家族救助令施行手続」（東京府訓令第二三号）が、同月九日には「国費救助ニ関スル心得事項」（六月九日東京府内訓甲第四号）が各々定められ、国費救助の具体的な方法がしめされた（「下士兵卒家族救助令施行手続発布ノ件伺」）。

それによれば、区長および町村長は救助の出願があったときは事実を調査し、生活状況調査書をつくり、町村長は郡長、区長は市長を経て知事に進達する（施行手続第一条）。この生活状況調査書には、①応召者の官等級、氏名、召集年月日、召集部隊名、②一家の収入、③一家の支出、④隣佑または救護団体等より受ける救助金品月額、⑤職業に従事しうる人員および従事しえない人員、⑥救助を要する人名、年齢および応召者との続柄、⑦その他特種または必要なる事項、を具備していることが必要とされた（心得事項十）。郡・市長はこの願書および調査書を受けたときは、これを査覈し意見書を添え知事に進達する。そのさい救助の必要ありと認めたときには生業扶助、現品給与、施療、現金給与のいずれが必要であるのか、また例えば生業扶助の場合にはその種類方法、救助すべき現金物品および価格を意見書に明記する。さらに、救助を他の施設団体に委嘱するのを便と認める場合には、その事由および団体名も同様に明記する（施行手続第二条）。ただし実際の生活状況調査書は、下谷区の「明治三十七年　下士兵卒家族救助願綴」（大濱徹也編『兵士』所収）をみると、⑥で「救助見込額」も記載する様式となっており、戸籍および「私設団体」を通じて留守家族の動向を把握しうる区長および町村長が、事実上被救助者の出願と、救助額の決定に深く関与する仕組みになっていたのである。

この意味で、注目すべきは、国費救助を団体に委嘱する場合、区長および町村長が「其組織完備シ、其区町村内ノ救護ヲ確実ニ執行シ得ヘキモノナルヤ否ヲ鑑査シ、其状況ヲ具シテ上申スヘシ」と定められたことである（心得事項七）。したがって後述する下谷区の場合や、一町村に複数の大字団体が存在し、統一団体が設立されない場合には、区長あるいは町村長が単独で直接国費救助を行うことになるが、実際には救助それ自体が困難とならざるをえなかったということである。

救助額は、「甲　不具、癈疾、老衰者、若ハ重病ノ者」が一カ年金八円以内、「乙　十五年以上七十年未満ノ者」が一カ年金六円以内、「丙　七十年以上十五年未満ノ者」が一カ年金五円以内とされ、一家の救助額については「老幼、婦女等家族ノ状況ヲ斟酌シ」その額が決定される（心得事項二）。この標準額算定の基礎は、次のようなものであった（「下士兵卒家族救助令施行手続御制定ノ件伺」）。

内務省ノ計算法ハ応召者ノ一割ノ戸数ニ金二円ヲ乗シタルモノナルモ、本案ハ救助ヲ要スヘキ人員ヲ応

> 召者ト同一数ニ見積タルモノニシテ（現下ハ応召員ヨリ被救護者ノ数約三千人ノ数ナルモ、漸次増加スルモノト認ム）、其救助額一人平均［一カ月］金二十銭ノ割合ナルヲ以テ、之レヲ被救護者三分ノ二ハ紙〔自〕然隣佑ノ扶助等ニ依ルモノトシ、其ノ一ヲ国庫ヨリ救助スルモノト仮定シ、一人一ヶ月平均金六十銭ト見倣〔做〕シ、甲乙丙ノ三種ニ区別セリ、而シテ甲ハ一ヶ月六十銭ナルヲ以テ一ヶ年金七円二十銭ニ相当スルヲ八円トシ、乙ハ同五十銭ナルヲ以テ金六円、丙ハ同四十銭ニシテ一ヶ年金四円八十銭ナルヲ金五円トシテ算出シタルモノナリ

東京府では、被救護者の三分の二を「隣佑ノ扶助」に任せることで、国費救助一人一カ月の平均額である二〇銭の三人分にあたる六〇銭を、一人当たりの上限額として設定したのであった。実際の一カ年の上限額である八円は、一カ月分に換算すると六六銭に相当する。したがって現実には、支給額は府自ら「僅カニ金六拾六銭余ニ過ス」と評した金額をさらに下回ることになるわけで、国費救助が貧困留守家族の救済をはかる上でいくばくの意味をもたないのはあきらかであった。いわば府の計算法とは、単に区と郡に対する予算配当をより詳細に行う以上のものではなかったといえよう。むしろこの点で重要なのは、先の区長会では「国費救助ノ方法」として「私設団体ニ於テ現ニ救助ヲ為ス戸数ニ比例シ、国費救助金ヲ分割支給スルコト」と「各郡区応召者ノ数ニ比例シ国費救助金ヲ分割シ、私設団体ニ分与」という二通りの案がしめされていたのが、最終的には応召者数に応じて予算が配当された点である。その経緯についてはあきらかにしえないものの、国費救助を抑制し、なおかつ貧困の実態を無視してまでも表面上、救助の均一公平を保とうとした結果

にほかならない。

国費救助の実態

一九〇四年度における東京府の国費救助は、金額五七六五円九七銭四厘、被救助戸数七七二戸であった（表2－2）。救助戸数については、延べ戸数しか原表にあきらかでないが、各郡区の最大被救助者数をとり、これに、赤坂・牛込の両区と豊多摩郡のように救助者数がいったん減少してから増加しているケースでは、そのさいの増加分を加えることとして求めたものである。応召者が召集解除ののち再召集された可能性も否定できないとはいえ、いったん被救助者となった者が救助を停止されたのち、二、三カ月の間に再度これを出願、受給したとは考えにくいからである。

一九〇五年度以降の国費救助についてはあきらかにしえない。府下を徴集区域とする各師団の動員下令は、第一師団と近衛師団が一九〇四年二月五日、旭川第七師団が同年八月四日で、復員完結は、近衛師団が一九〇五年一二月、第一師団が一九〇六年二月五日、第七師団が同年三月である。したがって救助はほぼ一九〇五年度いっぱい継続したとみてよい。試みに一九〇四度中の救助費と被救助戸数の推計を、すでにみた日露戦争中の東京府における救助金額一万四四四一円九七銭四厘、被救助戸数一二一八戸から各々差し引きすれば、一九〇五年度以降の支給金額は八六七六円に達し、四四六戸が新規で救助を受けたこととなる。金額については、三月段階の六九六戸のほとんどが、少なくとも次年度当初は継続して救助を受けたであろうこと

表2－2　東京府における下士兵卒救助令施行状況

	配当予算（月額）	救助戸数											救助費合計	一ヶ月平均	平均救助金額		予算消化率
		6月	7月	8月	9月	10月	11月	12月	1月	2月	3月	延べ				一戸	一人	
	円 銭厘	戸	戸	戸	戸	戸	戸	戸	戸	戸	戸	戸		円 銭厘	円 銭厘	円 銭厘	円 銭厘	%
麹町	39.685	－	－	－	－	－	－	－	－	－	－	－	－	－	－	－	－	0.00
神田	120.451	－	－	3	6	6	6	6	7	7	7	48	7	66.900	6.690	1.394	0.437	1.16
日本橋	115.465	－	－	－	－	－	－	－	－	－	－	－	－	－	－	－	－	0.00
京橋	108.486	74	74	74	74	74	68	66	61	55	52	672	74	825.500	82.550	1.228	0.449	76.09
芝	115.465	101	101	101	101	101	101	101	101	91	84	983	101	1,087.710	108.771	1.107	0.474	94.20
麻布	46.864	－	33	34	34	34	34	34	32	33	33	301	35	403.930	40.393	1.342	0.504	86.19
赤坂	29.316	－	25	25	25	25	24	24	24	25	23	220	26	156.980	15.698	1.168	0.465	53.55
四谷	52.049	1	1	32	32	34	34	32	29	29	25	249	34	189.130	18.913	0.760	0.426	36.34
牛込	80.367	－	－	49	49	49	49	48	43	42	46	375	53	625.480	62.548	1.668	0.537	77.83
小石川	67.804	－	－	92	92	92	92	92	92	92	89	733	92	479.300	47.930	0.654	0.287	70.69
本郷	66.806	－	－	－	－	－	－	－	－	－	－	－	－	－	－	－	－	0.00
下谷	91.136	－	－	－	－	－	－	－	－	55	55	110	55	127.380	12.738	1.158	0.364	13.98
浅草	154.153	115	115	117	131	128	128	127	124	123	120	1,228	131	1,395.800	139.580	1.137	0.450	90.55
本所	136.405	－	－	－	－	－	－	－	－	－	112	112	112	136.290	13.629	1.217	0.381	9.99
深川	88.144	－	－	－	－	－	－	－	－	－	－	－	－	－	－	－	－	0.00
区部計	1,312.596	291	349	527	544	543	536	530	513	552	646	5,031	720	5,594.510	559.451	1.112	0.439	42.62
荏原	152.558	－	－	－	－	－	－	－	－	－	－	－	－	－	－	－	－	0.00
豊多摩	102.503	5	5	5	5	3	3	3	3	3	24	59	26	46,914	4.691	0.795	0.474	4.58
北豊島	117.858	－	－	－	－	－	－	－	－	－	8	8	8	14,532	1.453	1.817	0.469	1.23
南足立	38.229	－	－	－	－	－	－	－	－	－	－	－	－	－	－	－	－	0.00
南葛飾	94.526	－	－	－	－	－	－	－	－	－	－	－	－	－	－	－	－	0.00
西多摩	28.656	－	－	－	－	－	－	－	－	－	－	－	－	－	－	－	－	0.00
南多摩	33.243	－	－	－	－	－	6	6	6	6	6	30	6	48.282	4.828	1.609	0.483	14.52
北多摩	128.029	1	2	2	2	2	2	2	11	12	12	48	12	61.936	6.194	1.390	0.495	4.84
郡部計	895.602	6	7	7	7	5	11	11	20	21	50	145	52	171.464	17.146	1.183	0.483	1.91
合計	2,208.198	297	356	534	551	548	547	541	534	573	696	5,176	772	5,765.974	576.597	1.114	0.440	26.11

註・郡部で被扶助者が存在する町村は、豊多摩郡が中野町、戸塚村、千駄ヶ谷村、落合村、渋谷村、北豊島郡が巣鴨町、日暮里村、板橋町、岩淵町、南多摩郡が七生村、北多摩郡が狛江村、中神村、多磨村、府中町

典拠：『東京府管下時局状況一班』

を考え合わせれば、さほど非現実的な数字ではなかろう。

各郡区の救助件数は、全く被救助者が存在しない郡区があるように、実際の貧困のありかたに重なるものではなかった。たしかに区部に比し郡部において被救助者が少ないのは、三多摩地域を除けば、戦争の影響が区部ほどには深刻ではなかったことに加え、農村では労力補助によってある程度まで生業を維持しうることによった。とはいえ郡部の予算消化率が二%にも満たないことは、他に原因を求めなくてはなるまい。そこには、救助主体のありかたや、被救助者が市部、ついで町に多いことにうかがえるように、出願をめぐる共同体の規制が存在したのであった。

救助のありかたで特徴的なのは、京橋・芝・四谷・浅草の各区に典型的なように、救助開始の当初もしくは数カ月で最大被救助戸数を計上、以後漸減し、とくに一九〇五年に入ってから減少するケースと、下谷・本所区および北豊島・北多摩郡のように一九〇五年に入ってから救助の開始もしくは被救助者の増加がみられるケースが存在することである。前者では、区当局と団体が国費救助に積極的で出願が比較的円滑に行われたことを示唆している。減少分は応召者が戦傷や疾病等によって召集解除されたか、もしくは戦死したためにほかなるまい。後者は、次年度予算のための実績づくりの可能性が高い。ただし下谷区の場合は、区当局と兵事会との間に確執が存在したことによった（「神田区ほか復命書」）。

軍人家族救護団体ハ下谷区兵事会ト称シ法人ノ関係ナリ、下谷区長ハ単ニ臨時委員ノ名称ヲ有シアルノミ、救護事務ニハ更ニ関係ナキカ如シ、随テ区役所トハ連絡ハ十分ナラス、現区長ハ同会ノ救護ハ出征軍人ノ家族ニアラサレハ救護ヲ為サス、其他生活状況ノ調査モ十分ナラス、実際困難セル家族ニシテ救護ヲ為サヽルモノアルヲ以テ、区ノ吏員ヲシテ家族ノ状況ヲ調査セシメ、国費ノ救助ヲ出願セシメタルモノ五十五戸アリ、而シテ同区ハ国費救助ヲ救護団体ニ委嘱セス、区役所ニ於テ直接救助ヲ為スノ方針ナリト云フ

区長が「区ノ吏員ヲシテ家族ノ状況ヲ調査セシメ、国費ノ救助ヲ出願セシメタ」との記述は、虚偽の申告にもとづく。たしかに区長が出願者各人の生活状況調査書を添え、府知事に国費救助を上申したのは二月一七日のことであった。しかし五五名の出願はすでに前年の九月三〇日になされていた（前掲『兵士』）。区長の申告が正しければ、この時点で調査はすでに完了していたはずであるからである。したがって事実は、両者の順序は逆であったろう。おそらく兵事会を通じてなされた出願は、区当局との確執によって四カ月半ものあいだ放置され、年度末になって区による再調査が行われたのであった。

この下谷区が提出した生活状況調査書については、すでに北泊前掲論文によって分析がなされており、救助の対象となった五五戸のすべてで「赤字が補塡されなかった」ことがあきらかにされている（表2－3）。表中、国費救助見込額は、区長が申請のさい裁定したもので、これを二倍すれば同区の二カ月間の救助費合計とほぼ同額となる。換言すれば救助額の決定には、末端の区長および町村長の裁定が大きな意味をもっていたのである。

この五五戸は、「隣佑又ハ救護団体等」から全く救助金品を受けていない一戸を除く五四戸が下谷兵事会

表２－３　下谷区生活状況調査

	一家収入	一家支出	隣佑、救護団体等	国費救助見込額	差引き	職業従事可能人員	職業従事不能人員	家族合計
五五戸合計	円　銭 141.69	円　銭 528.78	円　銭 199.10	円　銭 63.07	円　銭 △124.92	人 71	人 104	人 175
一戸平均	2.57	9.61	3.62	1.14	△2.28	1.29	1.89	3.18

典拠：大濱徹也編『兵士』

の救助を受け、これに加えて下谷区婦人会（二〇戸）や町の尚武会と兵事会（各一戸）、「隣保補助」（一戸）といった隣保組織、さらには親戚・親族（三戸）、奉公先（一戸）、の一者あるいは二者から救助を受けていた。国費救助の金額はこれらの救助額の三分の一にも達していない。その額は平均一戸あたり月額一円一四銭、一人あたり三六銭にすぎなかった。しかも赤字額はほぼ一家の収入に匹敵する金額であり、自助努力によって埋めることのできる額では到底ありえなかったのである。

しかし、それでもなお、国費救助が全く意味をなさなかったとはいいえまい。日々ようやく糊口を凌ぐ生活を送らなくてはならなかった留守家族にとっては、それがあまりに僅少な額であるにしても、無用なものでは決してありえなかったからである。しかも、すでにみた救助統計の背後には、こうしたわずかな額すら手にしえなかった、飢餓線をさまよう無数の留守家族が存在していたのであった。

なお府は一九〇五年二月、東京市を三区域に分け、各々属僚を派遣、軍人家族救護状況の調査を行っている。それによれば、下谷区兵事会の現役兵に対する取扱も、京橋区ほかの復命書が「東京市各区ノ救助ハ一致ヲ欠キ公平ヲ失スルノ傾アリ」とし、その一例として、「現役兵者ト雖、出征シタル者、延期現役者タル場合ハ、其家族者ヲ救助者中ニ加フルモノト、加ヘサルモノト、又現役者ニハ絶対ニ救助セサルモノ」があると挙げているように、必ずしも特殊なものでなかった。復命書は、いずれも各区の救助活動が統一を欠き、公平を失しているとして激しい非難を浴びせている。

こうした区および区団体のありかたは、府当局をして、直接国費救助に乗り出させることとなる。すなわち府は、一九〇五年度において、内務省からの予算が「総テ請求ニ拠リテ交付セラル、コト、ナリタルト、郡区取扱ノ状況、今日ノ方法ニテハ実際ニ適合セサルモノアルトニ由リ」、それまで郡区長に令達していた月額予算を廃止し、「府ニ於テ一々各個人ノ救助額ヲ査定シ、指令スルコト、」したのであった（『時局状況一班』）。むしろ国費救助は、一九〇五年度以降の前記推計を考え合わせれば、内務省の予算措置に負うところが大きいとはいえ、府が直接救助を行うことによって進捗したのであった。

北多摩郡の状況

表2－4は、一九〇五年三月末現在の東京府下八郡における留守家族の救助状況を、東京市内で団体・国費救助などその他の救助率が低い三区とともにしめしたものである。表中の労働に耐えない者については、原表では「十五歳未満」「六十歳以上」「癈篤疾」「重病」「事故ノ為メ」の各項にわたって人数が計上されている。それによれば、郡部市部とも、一五歳未満の者が全体の六割から七割を占めて最も多く、前者では六

表２－４　応召軍人家族生活状況

1905年３月31日現在

区郡別	a）応召者家族人員	救助を受けない者	救助を受ける者			d／a (%)	c／a (%)	b／d (%)	d）cの内労働に耐えない者	d／c (%)
			b）親戚故旧の補助	c）その他	d）合計					
荏原郡	8,843	4,883	302	3,658	3,960	44.78	41.37	7.63	2,444	61.72
豊多摩郡	4,938	3,899	162	877	1,039	21.04	17.76	15.59	466	44.85
北豊嶋郡	6,993	5,778	316	899	1,215	17.37	12.86	26.01	571	47.00
南足立郡	4,483	2,543	28	1,912	1,940	43.27	42.65	1.44	887	45.72
南葛飾郡	7,163	6,117	385	661	1,046	14.60	9.23	36.81	567	54.21
西多摩郡	8,704	6,937	45	1,722	1,767	20.30	19.78	2.55	931	52.69
南多摩郡	7,854	5,771	485	1,598	2,083	26.52	20.35	23.28	1,150	55.21
北多摩郡	10,167	8,846	505	816	1,321	12.99	8.03	38.23	413	31.26
郡部計	59,145	44,774	2,228	12,143	14,371	24.30	20.53	15.50	7,429	51.69
四谷区	1,252	1,127	−	125	125	9.98	9.98	0.00	101	80.80
下谷区	2,904	1,280	1,208	416	1,624	55.92	14.33	74.38	218	13.42
本所区	6,079	718	4,183	1,178	5,361	88.19	19.38	78.03	780	14.55
区部計	42,656	27,022	5,538	10,096	15,634	36.65	23.67	35.42	6,955	44.49
合計	101,801	71,796	7,768	22,239	30,005	29.47	21.85	25.89	14,384	47.94

典拠：『東京府管下時局状況一班』

○歳以上の者、後者では事故の為の者がこれに次ぐ。こうした調査が詳細に行われたのは、府が濫救防止を旨とする内務省の救助方針を体した結果にほかならない。

郡部では、北多摩郡の救助率が最も低く、南葛飾郡がこれに次ぐ。北多摩郡で特徴的なのは、区部で救助率の低い下谷・本所区とともに、救助を受ける者のうち親戚故旧の補助を受ける者が多く、かつ労働に耐えない者の救助率が極端に低いことである。その理由は、下谷・本所両区が年度末に国費救助の申請を行っていることをみても、年度末までほとんど調査がなされなかったか、行われたとしても杜撰であったことに求められよう。このことは、両区において親戚故旧の補助を受ける者が、異常に多いことからもあきらかである。この数字は、郡部のそれをもはるかに上回るもので、救助を必要とする者と区団体による実際の被救助者数との乖離が生み出した数字にほかならない。なお市内で救助率が最も低い四谷区に関しては、同区の徴兵慰労義会に資力がなく、国費救助の申請がいち早くなされていることからみても、その活動が限定されていた結果であると考える。四谷区徴兵慰労義会の収入総額は一五区のうち最も少なく、その支出額は最高の浅草区の一二分の一強にすぎなかったのである（『時局状況一般』）。一方、浅草区では、ほとんどバラマキに近い形で留守家族救護が行われていたのであった（「神田区ほか復命書」）。

隣接五郡では、一九〇四年秋の収穫が記録的な豊作に恵まれたことと、馬糧としての大麦の買い上げによって、市部に比較すれば戦争の影響が深刻ではなかった。無論、このことは、留守家族の平素に倍する労働とムラの労力補助によって生産を維持したことによる。また大麦の買い上げについても、その収益は、もっぱら米と麦の麦飯、さらにはこれに雑穀を加えた三穀飯を主食としていた農家の外米の購入に充てられたにすぎない。これに対し、三多摩地域では、南多摩郡を中心として西多摩・北多摩郡にわたる八王子織物（絹織物）とこれに原料を供給する養蚕農家、さらに北多摩郡小平村・府中町を中心とする所沢織物（綿織物）が戦争により大きな打撃を受けた。とくに前者は、数年来の不況に加え、開戦にともなって本来奢侈品である絹織物需要が激減し、これに非常特別税法による織物消費税の新設が重なったことで、「製産額ハ時局前ニ比シ概シテ十分ノ四ヲ減セシ状況ナリ」との南多摩郡復命書にみるように、深刻な農村不況にみまわれたのであった。北多摩郡の復命書は、「打撃ヲ受ケタルハ機業家、殊ニ賃織業者ナリトス」として、次のように認めている。

機業ハ明治三十五年以降萎靡振ハサリシカ、日露開戦以来最モ甚シク、啻ニ産額ヲ減シタルノミナラス、価格、賃金亦低下シ、賃織業者ノ収入ノ如キ、之ヲ両三年前ニ比スレハ約四分ノ一ニシテ、東村山村賃織専門業者約六十戸ハ正ニ飢餓ニ迫ルカ如キ不幸ニ沈淪セリ、之ニ次クハ中藤村外三ヶ村組合、高木村外五ヶ村組合及久留米村等ニシテ、高木村外五ヶ村組合及久留米村ハ幸ヒ飢餓ニ瀕スルモノナシト云フ

東村山村では、「賃機ハ一反ニ付一日半ヲ要シ、賃金ハ平年十反ニ付四円乃至二円五十銭ナルニ、卅七年ハ平均十反一円五十銭ニ相当ス、故ニ賃織ヲ為スモノ殆ント飢餓ニ迫ルノ状態」がみられた。かつ同村は、村山表白（木綿）の生産地として平年約五万反を産出していたが、「三十七年ハ四万反以内ニシテ、価格ハ前年ヨリ約二割ノ減少ナルモ、当三年前ニ比スレハ反数約四割、価格モ亦三割以上ヲ減」じていたのであっ

た。そのため一九〇四年における村税納付は、人員においてわずか三割、金額において四割にとどまったという。また中藤村外三カ村組合では、全戸数八八六戸のうち、撚糸・練糸・染色・整経までした生糸を原料として提供し、農家に機織をさせる約二〇戸の出機屋があり、賃織を専門の業とする六二戸のほか、ほとんどの農家が副業として賃織に従事していた。しかしその収入は、三年前の四分の一にまで落ち込み、一九〇四年度において国税滞納者が一〇人、府税滞納者が五二人、村税未納額は「千二、三百円」に達したという。なお一九〇五年に入ると、絹織物は産額をやや回復するが、今度は絹綿混織物および綿織物業が極度の不振に陥ることとなる（『東京百年史』第三巻）。

かかる状況の下で、北多摩郡では、郡の定めた準則にならって組織されていた各町村の兵員慰労義会が留守家族救助にあたっていた。それは、郡の兵員慰労義会が「恤救モ亦其目的ノ一ナリト雖モ現ニ之ヲ行ハス、救護ハ専ラ各町村兵員慰労義会ニ任カセ」たことによる。復命書は、その救護事業について「各町村熱心之ニ従事スルモノ、如シ、然レトモ小平村ニ於ケル救護要否調査未着手、并高木村組合、中藤村組合ノ兵員慰労義会ノ未タ成立セサル（村内紛擾ノ為）ハ誠ニ遺憾トスル所タリ」と総括している。しかし各町村ごとの報告をみる限り、小平村、高木村外五カ村組合、中藤村外三カ村組合はもとより、他の町村でも、「熱心之ニ従事」しているとは到底いい難い状況にあった。

すでにみたように高木村外五カ村組合と中藤村外三カ村組合では、救護団体が全く組織されず、国分寺村では統一団体が組織されなかった。前者の場合は、高木村外五カ村組合が「従来難治ノ種アリテ現ニ村長、助役トモ欠員ニシテ、村長職務管者ニ依リ僅ニ行政機関ヲ運転シツ、アルカ如キ状態」にあり、中藤村三カ村組合が「従来紛擾絶ヘス、故ニ組合内ヨリ出テ、役場吏員トナル者ナク、村長ハ三十七年十一月、其他ノ吏員ハ総テ同年十二月交迭《ママ》シ、而カモ孰レモ他町村ノ者ニシテ、村内ノ事情ハ勿論事務上ニモ通セス、又書類ノ整理其当ヲ得サル」と報告されているように、組合役場が事実上崩壊していたことによる。また国分寺村では、大字国分寺を区域とする恤兵会とそれ以外の九大字を区域とする徴兵義会、さらには前者のうち停車場付近に住所を構える者のみで組織された奨兵義会とが、いずれも必要に応じて寄付金を募集して会費に充て現金扶助を行っていた。しかも村役場は「直接之ニ関係セサル」立場にあり、村長が出征兵士に対する慰問状の発送と、留守家族の慰問を各々一回ずつ行ったにすぎなかったのである。その理由は、組合村とほぼ同様で、「明治二十七年頃ヨリ村内紛擾ヲ醸シ、未タ平和ニ至ラス、従テ諸事同一ノ歩調ヲ出ラサル」結果であった。さらに小平村で留守家族調査が未着手だったのは、兵事会が存在していながら、「未タ貧困者ノ調査ヲ為シタルコトナク、若シ調査ヲ遂ケンニハ、五、六戸ハ扶助ヲ要スルナラントノ村長ノ申立ニシテ、種々談話ヲ試ムルニ、熱心ナラサルモノ、如シ」と観察されているように、村長が留守家族の窮状を放置したことによる。

統一団体が組織された村でも、この小平村と同様、留守家族救助は容易に進捗しなかった。不況が最も深刻であった東村山村では、兵員慰労義会が「救助ヲ為サス、各大字ニ於ケル青年会、之ヲ行」い、「故ニ全村統一ヲ欠ク」と報告されている。同村の兵員慰労義会は「未タ役員定マラス」、役場が代わって事務を取り扱っていた。西府村では、「救護方法ハ慰労義会々則ニ依ルニ評議員ニ於テ之ヲ決定スヘキ筈ナルニ、救護ヲ要スル人員并金額等ハ生活ノ状態、親族ノ関係、其他斟酌スルヲ要シ、評議員ニ於テモ未タ之ヲ決スルノ運ニ至ラサルニ年末ニ際シ」ため、「至急救護ノ必要ヲ認メ、会長タル村長ハ独断之ヲ決シ」、八戸に各五円、二戸に各七円を給したという。砧村でも、兵事奨励を目的とした不忘会と称する団体が、「戦時ニ適用スルヲ得サル事情アルヲ以テ」会員が協議を遂げ、一二月に砧村兵員慰労義会と改称することに決定したものの、「規則ハ未タ制定」されていなかった。ただし同会では、「所有地価百円以下ノ軍人家族ヲ救護スルコト」および「葬儀費其他特別費用ヲ要スル場合ニハ其大字限リ寄付金ヲ増額スルコト」を決議、実行しつつあったという。

小平村を含む、これら四村に共通するのは、郡団体がそうであったように、徴兵慰労組織が留守家族救助を容易に行いえなかったことである。

「隣保相扶」の崩壊

北多摩郡の各町村団体で特徴的なのは、支出総額に占める救護費の比率がきわだって低いことである（表2－5）。北多摩郡および救護費以外の支出内訳が不明な荏原郡を除く六郡の町村団体の支出内訳は、救護費が五一・五六％と最も多く、慰問費二五・七九％がこれに次ぐのに対し、北多摩郡では慰問費が五三・八九％と最も多く、救助費がこれに次ぐものの、その比率は一六・九七％にすぎない。この数字は、葬儀費と弔祭費の合計（一四・六〇％）および雑費（一四・五三％）にほぼ等しいものであった。そのため北多摩郡では、一九〇五年一月現在の現役人員四一六名、応召人員一二九一名、合計一七〇七名に対し、町村団体による被救助戸数は一三四戸、救助率七・八五％にすぎなかったのである（「北多摩郡復命書」）。

このうち、前記の四村は、小平村の九二・四七％を筆頭に、支出総額に占める慰問費の比率がきわめて高かった。その額は最低の東村山村でも、救助費の四・七倍に達している。その理由は、西府村で葬儀費等の負担が「其大字限リ」とされたことに端的なように、各大字の資力の差が、会費徴収や留守家族救助を妨げる要因となっていたからにほかならない。この意味では、北多摩郡の救護費が、葬儀・弔祭費に等しいことは象徴的である。そこには受給者負担ともいうべき論理が働いていたのであった。したがって四村の徴兵慰労組織は、ほとんど慰問しか行いえなかったか、もしくは慰問費というそれ自体平等な一律給付によってしか留守家族救助をなしえなかったのである。北多摩郡で救助費が慰問費の三分の一以下にすぎなかったのも、郡の兵員慰労義会および各町村の兵員慰労義会が、受益者負担を要求する大字の規制によって留守家族に対する調査や救否の決定をなしえず、救助が容易に進捗しなかった結果であった。この意味では、小平村長の「熱心ナラサル」姿勢も、実は「独断」で救助を開始した砧村長の行動と表裏の関係にあったとの推測も成り立つ。

このほかの町村では、狛江村、中神村外七カ村組合、多磨村、府中町に国費救助の被救助者が存在する一方で、田無町、三鷹村、武蔵野村、久留米村については「幸ヒ救助ヲ要スル貧困者ナシ」と報告されている。

1905年３月31日現在

b／a	c）葬儀費 弔祭費	c／a	d）慰問費	d／a	f）雑　費	f／a
%	円 銭厘	%	円 銭厘	%	円 銭厘	%
17.91	1.000	0.77	－	0.00	104.399	81.30
100.00	－	0.00	－	0.00	－	0.00
0.00	10.000	2.85	319.000	91.14	21.000	6.00
2.03	110.085	17.19	360.986	56.38	48.110	7.51
11.33	50.200	10.32	309.650	64.96	62.833	13.18
4.26	－	0.00	389.470	92.18	15.010	3.55
5.25	175.000	13.93	1,012.000	80.57	3.000	0.23
91.28	21.000	4.35	21.000	4.35	－	0.00
16.72	151.970	24.20	370.900	59.07	－	0.00
11.20	32.000	9.95	234.000	72.83	19.290	6.00
0.00	95.075	100.00	－	0.00	－	0.00
0.00	－	0.00	－	0.00	700.000	100.00
18.53	300.276	25.71	508.127	43.50	142.982	12.24
24.90	55.530	11.64	209.374	43.91	96.079	20.15
10.34	436.377	35.82	592.000	48.60	63.700	5.22
1.63	60.000	98.36	－	0.00	－	0.00
0.00	－	0.00	－	0.00	－	0.00
0.00	60.000	7.52	737.000	92.47	－	0.00
16.03	46.965	8.81	383.000	73.55	7.200	1.38
44.44	－	0.00	205.000	55.55	－	0.00
50.11	20.000	23.30	－	0.00	22.810	26.58
44.96	25.000	5.18	143.860	29.81	96.713	20.04
0.00	－	0.00	300.000	100.00	－	0.00
0.00	－	0.00	－	0.00	240.000	100.00
16.97	1,650.478	14.60	6,092.367	53.89	1,643.126	14.53
46.72	10,383.514	12.84	24,035.946	29.72	8,651.157	10.69

表2－5　北多摩郡町村団体の活動状況

町村名	戸数	人員	収入総額	a)支出総額	残額	b)救助費
	戸	人	円 銭厘	円 銭厘	円 銭厘	円 銭厘
府中町	12	48	290.610	128.399	162.211	23.000
調布町	6	13	93.000	86.000	7.000	86.000
田無町	－	－	350.000	350.000	0.000	－
谷保村	4	9	657.296	640.181	17.115	13.000
西府村	10	61	486.345	476.683	9.662	54.000
多磨村	4	21	442.840	422.480	20.000	18.000
神代村	4	14	1,286.000	1,256.000	30.000	66.000
狛江村	23	131	688.840	482.000	206.840	440.000
砧村	16	111	753.514	627.870	125.644	105.000
千歳村	2	12	506.870	321.290	185.580	36.000
三鷹村	－	－	96.910	95.075	1.835	－
武蔵野村	－	－	700.000	700.000	0.000	－
小金井村	19	142	1,227.460	1,167.885	59.575	216.500
国分寺村	6	32	540.504	476.733	63.771	118.750
東村山村	9	39	1,258.409	1,218.077	40.332	126.000
清瀬村	1	2	151.010	61.000	90.010	1.000
久留米村	－	－	－	－	－	－
小平村	－	－	797.000	797.000	0.000	－
砂川村	8	51	532.659	520.665	11.994	83.500
立川村	5	14	385.740	369.000	16.740	164.000
中神村外	5	16	95.806	85.810	9.996	43.000
拝島村	21	94	482.573	482.573	0.000	217.000
中藤村外	－	－	300.000	300.000	0.000	－
高木村外	－	－	240.000	240.000	0.000	－
北多摩郡	155	810	12,363.026	11,304.721	1,058.305	1,918.750
郡部合計	2,669	7,987	115,418.030	80,859.918	19,590.916	37,785.321

註・郡部合計には北多摩郡と荏原郡を含まない
　・調布町は1905年1月現在、収入総額499円89銭、支出総額496円（救助費58円、葬儀費二人分60円、餞別その他439円89銭）が計上されている［北多摩郡復命書］
典拠：『東京府管下時局状況一班』

しかし久留米村では、尚武会の収支金額が全く不明であり、武蔵野村では高木村外五カ村組合と同じく兵員慰労義会の七〇〇円にものぼる収入のすべてが雑費として処理されているように、統一団体が十全な活動をなしえていないのがあきらかである。復命書は、久留米村尚武会の会計状況について「合計ニ関スル帳簿出納ハ極メテ不整理ニシテ詳細事実ヲ知ルヲ得ス」とし、その理由を次のように指摘している。

経費ハ通常会費ノミニテハ不足セルヲ以テ村民ヨリ寄附ヲ募集ス、其方法ハ所要ノ金額ヲ戸数ニ準シ大字ニ分賦ス、各大字ハ各自ノ身元ニ応シ相当等級ヲ設ケ募集スルモノトス……其他ノ支出ハ各大字ニ於テ適宜可取計コト、ナリアリテ、啻ニ其額判明ナラサルノミナラス不統一ノ弊アリ

出征者へ贈リタル餞別不足額十五、六円ハ大字ニ於テ一時繰替アリト云フ

久留米村では、尚武会が活動を行うに充分な会費を徴収できなかったため、部落協議費によってその不足が立て替えられるか、大字限りの事業として餞別の贈与が行われていたのであろう。また武蔵野村では、兵員慰労義会の会長たる村長が出征軍人に対し一回慰問状を発送したほかは、評議員において餞別五円を送ることが「議決」されているにすぎず、「会計ニ関スル帳簿ハ未タ之ヲ設ケス」という有様にあった。したがってこれらの村では、救助を要する者が存在しないとの復命書の記述は信じ難い。このことは、田無町を除き、いずれの村も「親戚故旧」の補助を受ける者が存在することからも裏づけられよう。しかもこうした事情は、一九〇五年一月より、二戸・四人に国費救助が行われた多磨村にもあてはまる。同村では、兵員慰労義会の慰問費が九〇%を超えていることからもあきらかなように、統一団体が留守家族救助を容易になし

えなかったがゆえに、国費救助を申請する途が選択されたのであった。申請は砧村長のとった行動と同質の問題に根ざしていたのである。こうした事情は、統一団体の収入額が一〇〇円にも満たない中神村外七カ村組合、三鷹村についても指摘しえよう。同様の村は、西多摩郡に一村あるのみであった。

留守家族救助では、最も資力のない大字が最も救助を必要とせざるをえない。いわば「隣保相扶」は、それまで部落有財産など資力の多寡に応じてムラごとに完結していた相互扶助を行政村全域に拡大することで、かかる矛盾を露呈せしめたのである。それは、行政村が部落有財産の統合をなしえなかったため、固有財産たる町有財産が脆弱な上に、内務省により公費の支出を厳しく制限され、かつ市部のように有志者＝富裕者の寄付金に頼ることも不可能であっただけに、住民＝大字に新たな負担を強いる形でしかその資を用意しえなかったことによる。郡部町村団体の収入総額一一万五四一八円余は、もっぱら有志者の寄付金によった区部一五団体の収入総額三七万一九八八円余の三分の一以下にすぎなかったのである。両者の資力の差は国債の応募高において歴然としており、東京市が計五回の募集で六億三一七〇万円余の応募があったのに比し、郡部ではそのわずか三・八％にあたる二三一一万円余の応募があったにすぎない（実際の募入高は東京府全体で約一五万円）。わけても北多摩郡は、西多摩郡の七八万円余に次いで少ない八〇万円余の応募高であった（『時局状況一班』）。とりわけ不況が深刻であった時期に行われた第三回応募では、調布・田無町、西府・千歳・久留米の各村を除く一町一八カ村で応募がなく、郡全体でわずかに九七一五円の応募高にとどまったのである（「北多摩郡復命書」）。

もっとも八〇万円という応募高は、表2－5にみた北多摩郡各町村団体の収入総額が一万二〇〇〇円余にすぎないことを思えば、巨額とさえいいうる。このように不況下の農村では、非常特別税法による増税のみならず、国債の応募に「愛国心」を強要されただけに、留守家族救助を十全に行いうるはずもなかったのである。

北多摩郡において「隣保相扶」が破綻したのは、組合役場の崩壊に象徴されるように、本来各ムラの自律性が強く、役場の調整機能が脆弱であったことに加え、かかる重負担の下で、留守家族のみならず、これを支えるべき住民が飢餓に瀕するような危機的状況にあったことによる。おそらく大字の規制の背後には、戦争の打撃を等しく受けながら、留守家族のみを救済することへの抵抗感も存在していたのであった。行政村で一律に救助要件を決めたとしても、大字によってはそれ以上の窮乏者が存在することは容易にありえたからである。それはムラの秩序にもかかわる問題でもあった。日露戦争は、日清戦争と比較するに、村の負担においてあまりに巨大であった。内務省は、北多摩郡にみる限り、「隣保相扶」の主体形成に失敗したのである。

しかし、こうした「隣保相扶」の崩壊は、ムラの相互扶助までもが解体したことを意味するものではなかった。留守家族は、組合役場が軍人数さえ把握できない状況におかれていた中藤村外七カ村組合をはじめとして、「親戚故旧ノ補助」を受けていた。まさしく「隣保相扶」の虚偽は、かかる者たちを救済しえなかった点にこそある。

次章では、これまでみた北多摩郡の各町村とは対照的に、荏原郡下で「隣保緝睦ノ実」を挙げえた馬込村勇兵会の活動について考察することとする。

第三章 「隣保緝睦ノ実」——馬込村勇兵会の活動——

「村内救護ヲ要スル者ナシ」

荏原郡馬込村は、江戸時代には「九十九谷」「十三谷」と称されたように起伏の多いところで、台地に立地した畑地を中心とする典型的な江戸の近郊農村であった。その地名は、すでに戦国期に見え、この村が中世以来の古い歴史をもつことをしめす。

日露戦争当時には、上堂寺・松原・北久保・久保・東・平張・小宿・中井・上台・塚越・中丸・根子谷・宮ノ下・寺郷の一四の大字が存在し、ほかに江戸時代の飛地であった千束地区があった。これらの大字は、「谷戸」をあててヤトと呼び、おおむね一姓から四姓の同族によって構成される一〇から三〇軒前後の小集落で構成されていた。各ヤトでは、集落の氏神であるヤト宮を祀り、念仏講・庚申講・日待ち講・稲荷講などの宗教的な宿行事のほか、葬式の協力などのいわゆるヤトヅキアイが行われてきた(『大田区史』民俗編)。

馬込村は、町村制によっても他村との合併は行われず、江戸時代の村でそのまま近代の行政村を形成した。荏原郡において単独で一村を形成したのは、この馬込村と大森村だけである。馬込村は小村で、当初池上村ほか三カ村との合併が予定されていたが、村名をめぐって対立し、隣接の池上村から字平塚の一部を編入するにとどまったのであった（『大田区史』下巻）。

この馬込村は、「全郡一人ノ国費救護ヲ受クル者ナシ」とされた荏原郡にあって、「而シテ救護ヲ要スルモノナキハ馬込ノ一村」と報告された村である。荏原郡の復命書は、同村の統一団体である馬込村勇兵会の救助について次のように記している。

村内救護ヲ要スル者ナシ、一戸三円以上十円以下ノ一時扶助金ヲ給与セシ家アルノミ、月々救護ヲ必要トスルモノニアラス

府下の一五三カ町村のうち、救護を要すべき貧困者が存在しないとされた町村は、第二章であげた北多摩郡の田無町、三鷹村、武蔵野村、久留米村の一町三カ村を除くと、この馬込村と北豊島郡中新井村および尾久村のわずか三カ村にすぎない。このうち北豊島郡中新井村については、「財政上ヨリ言ヘバ郡内第一等ノ所ニシテ国税、府税、村税トモ数年以来一人ノ未納者」がなかったとはいえ、「村全体ノ富ヲ他村ノ富ト比較スレバ甚ダ貧村ナレトモ、富ノ分配ガ能ク行ハレ居リ、富豪ノ居ラサル代リ赤貧者ナシ」と、にわかに信じがたい報告が復命書でなされているうえに、そもそも統一団体が組織されなかった村であった。

したがって統一団体が現に活動を行いながら、救護を要する者が存在しないとされた村は、その真偽はともかく、「出征軍人ノ家族、遺族カ皆相当ノ資産ヲ有シ、救護スル必要ナキガ如シ」（「北豊島郡復命書」）とされた尾久村と、この馬込村だけなのである。

勇兵会の設立

馬込村勇兵会の設立は、一九〇四年二月一七日、村長加藤為次郎が各ヤトの総代を村役場に招集し、「勇兵会ナルモノヲ設立シ、本村出征軍人ノ送迎及其家族ヲ慰藉スル方法等ノコトヲ協議シ」たことにはじまる（大田区所蔵「加藤家文書」）。各ヤト総代は、その夜ただちに各受持において集会を開き、委員を選定し、これを村長役場に届け出た。この日選定された委員は全部で一七人、一四字から各一人が選出されたほか、字千束からは三人が選定された。字千束から三人が選出されたのは、かつて村の飛地であった千束地区には原丸・八幡丸・出穂山の三つのヤトが存在したところから、これらのヤトごとに選出されたものとみて差し支えあるまい。いわば勇兵会は、各ヤトの代表組織としての性格を有していたのである。このことは、馬込村が「九十九」谷と称されたように、起伏の多い自然条件ゆえに、各ヤトの孤立性と自律性が強かったことによる。それだけに勇兵会の設立にあたっては、留守家族の動向を把握することや、会費の徴収など、各ヤトの協力が不可欠であった。

二〇日には、各委員が出席して村役場で会議がもたれ、「規約」「規約施行細則」「会議細則」「会費賦課法決議案」が議決され、委員長として字中丸の河原久次郎を選出、勇兵会は正式に発足する。その事業は、兵士の歓送迎、貧困留守家族の救護、入営・除隊兵餞別、善行証、勲章所持者・報奨金・戦死傷兵への弔慰金贈与である。規約は、徴兵援護機能をも会に付与していただけに、日露戦争後も会を存続させることになる。

これらの事業は、村内居住者の「一ヶ月均一金三銭」の会費と「凡地価金百円ニ対シ金一円之割合ヲ以テ中等以上ノ人ニ勧誘シ、可成多額ノ寄付ヲ頂ク事、但シ村内寄付者ニ対シテハ高金ヲ月割ヲ以テ一ヶ年内ニ出金之事」とされた寄付金によってまかなわれた。

かくて設立をみた勇兵会は、委員長河原久次郎が二〇日の会議結果をふまえ、村長に提出した報告書によれば、村長を会長に、委員長一、常務委員四、委員一三の計一九人で役員が構成され、村内戸主三一六人を会員としていた。その目的は、「啻ニ世界万国卓絶セル日本魂ヲ持ツ神州男子海国ヲ守護スル出征軍人ヲシテ益々勇奮忠烈ノ士気ヲ推揮スル」ことにおかれていた。

活動の内容

四月六日には、勇兵会の第二回委員会が開催され、具体的な活動に入るべく、次なる「馬込村勇兵会実施議案」が検討された。なお資料中の一、四の遺族とは留守家族を指す。

一、軍人慰問実施の件

説明　［氏名略］〆十一名　［氏名略］〆十八名

右現役及動員応召者二十九名ハ本会設立前現役又ハ動員ニ応召シタルモノニシテ、本会カ歓送セサルニ因リ茲ニ議定シ金弐円ツ、慰問トシテ遺族へ送金スルモノナリ

二、出征軍人ノ児童就学授業料免除ノ件

説明　出征軍人ノ内貧富アリ、又中位ノ生活ヲ為スアリ、一般ニ免除スルヲ得ス、因テ中位以下ノモ

ノハ授業料ヲ免除スル事

三、軍人ノ所有シタル小車徴発弁償之件

説明　長二三男カ現役又ハ動員ニ因リ召集セラレタルノ已ナラス、小車マテ徴発アリタルトキハ新調代金政府ヨリ下賜金同額ヲ本会ニ於テ補助スルコト

四、軍人遺族補助ノ件

説明　遺族ニシテ老人又ハ妻子ノ已ニテ農事ヲ営ムモノ、或ハ商業ヲ営ムモノハ、貧富ヲ論セス雇人料トシテ金二円以上金四円以下ヲ補助スルコト

このうち一は原案のとおり可決された。二の案件は、村長が「授業料免除ノ事ハ一体本年ヨリ全廃ト聞キテ居リマシタガ、戦時ニ就キテ当月ヨリ授業料徴収スルヲ得ルコトニナリタノデアリマス」と発言しているように、非常時特別税法の地方税賦課制限が、地方財政において最大の比重を占める教育費の削減をまねいたため、授業料の徴収が前倒しで行われることになった結果にもとづく処置であった。この件は「本会ガ免除スルト云フヨーニ成ツテ居ルハ面白クナイカラ、本会デ決議シテ学事関係者ニ請求スル」こととし、対象者の選定については村長に一任された。

三の案件については、村長（番外）と岸田吟治（九番）との間で次のようなやりとりがみられた。

九番曰ク、之ハ政府ヨリ［ノ］下附金デハ足リマセンカラ、之ト同額ヲ補助スト云フ旨意ダロート思ヒマスガ、車ノ代金ニ依リテ随分大変ダロート思ヒマス

番外曰ク、……徴発令ハ軍人ノ家ヲ除クコトハ出来マセン、不幸ニシテ兵隊デ居テ車マデ取ラレタラ随分困難デ、小サナ村デスカラト云フテ特別軍人ノ家ヲ除クコトハ出来マセン、ソシテ下賜金［ハ］市内ハ六円十銭、村落デハ豊多摩、荏原ハ六円五十銭デス、之ニ六円五十銭足シタラ新調ハ出来ルダロート思ヒマス考ヘデス

九番曰ク、私ハ本案ニ馬匹ト云フコトヲ加ヘタク思ヒマス、左様スレバ不幸《ママ》平ガナイデス

議長曰ク、九番説ノ如クニ修正ノ説ニ賛成ノ方アリマスカ

番外曰ク、之ハ車計リデ、馬匹ノ宜イノハ三百五十円下リマス、之ト同額補助スレバ七百円ニナリマス、馬ヲ連レテ行ケバ駄賃ガ出ルガ、車ノ方ハ何ニモ下リマセン、ソコデ大金ノコトデスカラ修正スルナラ考案ヲ要シマス

村は重税と国債で戦費を肩代わりさせられただけでなく、農機具の徴発により生産を脅かされた。それは、留守家族にとって、二重三重の負担を意味していた。しかも徴発車輌の賠償は、軍が徴発令の賠償条項を十分に履行しなかったため、村の補助を必要としたのであった。村長は、「勇兵会ノ身代、エライ馬ニ出逢フト一番デ本会ガ崩レル」と思われただけに、岸田の主張する徴発馬匹の補助については慎重だった。結局馬匹については、村長の発言が通り、徴発の度に補助額を定めることになる。ちなみに本来の案件たる車輌の補助については、議事の不手際により、「下賜金」の三分一か半額か判然としないまま可決されたため、六月一九日再度議事がやり直され、最終的には一律三円の補助を行うことに決している。

このように村団体は、留守家族救助や兵士の慰問といった事業のみならず、さまざま案件を抱えていた。その「軍人遺族補助ノ件」については、留守家族のすべてをあまねく補助するものではないとの前提のもとに、九人の調査委員が指名され、留守家族の生活状況を調査することにして、最終的な結論をもちこしたのであった。

国費救助の拒否

ところで四月六日の委員会で、最初に議題にのぼったのは、以上みた実施議案ではなく、国費救助の対象となる「自活スル能ハザルモノ」の有無についてであった。それが問題となったのは、五月一日の救助令施行を前に、三月三一日を現在として「四月六日マデニ郡長カラ自活スル能ハザルモノ、調書ヲ出スベキ由ヲ申サレタ」ことによる。

委員会では、「自活スル能ハザルモノ」の存在を強硬に否定する岸田吟治に対して、「私ハ動員令ニ依リ出軍スルモノガ出来タラバ、自活スル能ハザルモノガ有ルダロート思ヒマス」「出軍者ハ随分アリマスカラ多クノ内ニハ困難者モ有ラント思ヒマス」「自活スル能ハザル疑ヒアルモノハ数名ナラン」「〇〇〇〇〇ハ妻一人デ活計困難デス」といった反論が続出した。しかし委員会は、岸田意見をいったん否決したにもかかわらず、調査委員の選定をめぐって名乗りをあげる委員がおらず紛糾、休憩後の採決において「大多数」でこれを可決した。それは、岸田が自らの意見を否決されたさい、次のように発言したことが委員の心を動かしたからにほかならない。ちなみに岸田は、のちに村会・郡会議員を務めた地域の名望家である。

少数ニテ否決ハ当然ナレド誠ニ遺憾ナリ、出征軍人モ多クアレド、我ガ馬込村ニ自活スル能ハザルモノガ有ルトハ実ニ遺憾ノ至リデアリマス

出願主義の採用は、単にそれだけでは救助を抑制することにつながらない。その前提には、「貧困」を恥とする意識が、民衆のなかに広く内面化されていなければならなかった。それゆえに内務省は、濫救が「無為徒食の民」「惰民」を生じさせることを繰り返し強調することで、国費救助を抑制しようとはかったのである。内務省の「自助」論自体は「貧困」を「犯罪」とみなすマルサス主義貧困観にもとづくものであったが、こうした意識は、幕末から一八八〇年代の本源的蓄積期にかけての、いわゆる「通俗道徳」の展開を基盤として、民衆に広く受け入れられていたのであった。いわば下士兵卒家族救助令は、被救護者が村内に存在することを、〝ムラの恥〟と受けとめる村落指導者によって規制されたのである。荏原郡が「全郡一人ノ国費救護ヲ受クル者ナシ」という状況となったのは、こうした共同体の規制によって支えられていたからにほかならない。

岸田にとっては、「自活スル能ハザルモノ」の存在それ自体よりも、国費救助という他者の救済を受け入れることこそが問題であったに違いない。岸田発言は、「自活スル能ハザルモノ」の有無に気をとられている他の委員たちに、村にとっての問題の核心を十二分に自覚させたのであった。その存在は、村が救済することで隠蔽されなくてはならなかった。相互扶助とは、本来かように排他的なものなのである。

このようにみると、内務省が定式化した本人の自助→親戚知己の援助→隣保相扶→国費救助という救助主体の重層化は、救貧行政に他者を幾重にも介在させることによって、いわば身内の恥をも重層化し、各々を場とした自助を強いることで、国費救助を抑制する機能をはたしたといえよう。

救助の論理

勇兵会は、国費救護を拒否したのち、前記調査委員が留守家族の財産、稼ぎ人の有無、家族の多少等を調査し、その結果を四月一七日の第四回委員会に報告した。委員会は、「困難ト認メタ者」一七人のうち、「極貧窮人」ばかりを選出し、一三人に限り救護を行うこととし、さらに二円以上四円以下毎月補助という当初の実施議案を三円以上一〇円以下の一時金支給にあらためたのであった。実施議案がかくも縮小されたのは、「夫レニ就テハ毎月テスト此戦争ガ、イツヲシマイニ成歟分リマセンカラ、人数ヲ十七人之内ヨリ極貧困窮人計選出シ、其人数ヲ減シタシ」「私ノ考舛ニハ此戦争ガ何時終局ヲ結ブカ不知、長引ト補助料ハ月々デハ大変デ有舛カラ一時金デ遣シ度思マス」との発言に端的なように、戦争の先行きに対する不安、長期化に対する懸念が委員を支配していたことによる。この日委員会は、出征軍人貧困家族二戸に一〇円、九戸に五円、二戸に三円、合計一三戸に七一円を補助することで合意に達した。前記復命書が、馬込村について「村内救護ヲ要スル者ナシ、一戸三円以上一〇円以下ノ一時扶助金ヲ給与セシ家アルノミ、月々救護ヲ必要トスルモノニアラス」と報告したのは、以上の経緯による。

しかし六月一九日に招集された臨時委員会では、ふたたび救護の方法が問題となる。そこでは、新たに生じた出征軍人貧困家族七戸について、救護の等差をいかにつけるかで、次のような議論が行われた。

十三番曰ク、貧困ニモ等差ガアリマス故、等差ヲ附ケルニハ中々六ケシイ

十八番曰ク、余リ多ト勇兵会ガツブレル

七番曰ク、長男、次男、三男ト順々ニ区別ヲ附ケテ等差ヲ附ケタナラヨカロー

委員会では、「長男ハ一番肝要デス、次男、三男ハ其ノ次キニ致シタイ」といった発言が大勢を占め、七戸のうち出征軍人が戸主にあたる者に一〇円、長男と三男戸主に各七円、妻と内縁関係にある三男戸主と三男三人に各三円と、救護に等差をつけることで結論に達した。内縁の妻を被救護者としたのは、一委員が「若シ戸籍ノ手続キ致シアレバ、政府ニ於テモ其道アリ、併シ其ノ実際ハ妻ニシテ、店借リ自活スル能ハザル故、郷親ニ養ハレ居ル次第デアリマシテ、馬込村勇兵会ノ如キハ如斯実際上ノ事情ニ因リテ救護致シテ遣リタイ」と建議したためで、下士兵卒家族救助令が籍のない妻の救助を拒否したことにもとづく措置であった。しかしこの「実際ノ妻」は、いまだ村の構成員として認められなかっただけに、同じ三男戸主の妻でも救護額に等差をつけられたのであった。

馬込村では、江戸時代から長子相続が最も一般的な相続形態となっていた（『大田区史』中巻）。いわば勇兵会の救護では、相互扶助が本来、共同体の維持を目的とするものだけに、貧困の程度よりも、こうしたムラ秩序が優先されたのであった。その論理は、自らの規範にもとづくもので、国家の論理とあきらかに異質

であったのである。

「隣保緝睦ノ実」

これまでみてきた戦争初期における勇兵会の活動は、一九〇五年二月一八日開催の臨時委員会議事録にみれば、戦争の長期化とともに次のような変貌を遂げた。まず徴発者補助は、「今年ハ大多数ノ徴発ニ由リ、之ヲ補助スルトスレバ大ナル補助金ヲ要ス……如何セバ将来可ナルカ」との議長の諮問に、「前途出費ノ用途多ク、殊ニ今年ハ下賜金モ前年ト異ナリ金拾二円迄下賜金アリトセバ、之ヲ発〔廃〕止スルヲ可ナリトス」との意見が通り、停止された。また留守家族の救護については、「調査委員ヲ設ケテ夫々自活スル能ハザル家族或ハ困窮ノ程度ヲ調査セシガ、漸々出征軍人モ多キヲ加ヘタルニ因リ、将来如何ナル方法ヲ設ケ〔ク〕ベキヤ」との議長の問いに対し、「調査委員ハ前任者トシテ人数ヲ増サズ、各受持ノ委員ガ事情ヲ細密ニ洞察シテ調査委員ノ参考トナシ、而シテ他委員ノ申出ト比較シ又取捨スルモノトセバ可ナラン」と、被救護者認定の一層の厳格化を求める意見が採択された。このころ、村では、「全快シテ再度出征ノ為メ、再ヒ負傷シタルモノ」も出ていた。

日露戦争中における勇兵会の活動は、一九〇六年一二月に村役場に提出された「報告書」によれば、応召人員六九人に対して救護戸数二〇戸・救助金額一一〇円、弔祭度数八度・弔慰金額六二三円五二銭五厘、慰問度数四七度というものであった。馬込村は、一九〇五年三月現在で人口二四七九人、荏原郡下二町一七カ村のうち松沢村に次いで人口が少ない小村であったにもかかわらず、統一団体が組織された二町一三カ村のうち、第九位にあたる八〇〇円余の会費・寄付金を集めていた。しかしその事業支出は、救助を「隣保相済」に任せ、村団体が兵士の送迎のみを担当した調布村を除けば、最も少なかった（表3－1）。このことは、とりもなおさず救護費を抑えた委員の姿勢によっていた。しかしこうした姿勢は、「勇兵会ガツブレ」ては事業そのものが成立しないように、それなりの根拠をもっていたのである。報告書の弔慰金額はこのことを雄弁に語っている。

馬込村は、内務省が求めたように、各ヤトが「協同一致」事に従い、「隣保相睦ノ実」を挙げえた村であった。各ヤトの自律性は、村の立地条件からみても強かったと想像されるが、勇兵会の議事録をみても、ヤト間の利害が衝突する場面はみられない。それは、江戸時代以来の行政村としての歴史が、ヤトを超えた共同性を村に与えた稀なる結果にほかならない。

しかし勇兵会の活動を支えていたのは、貧困者の存在を身内の恥と受けとめ、救護にさいしては「長男」や「戸主」を優先して、あくまでムラの秩序を保とうとする共同体としての論理であった。したがって、前者はさしあたり、「濫救」防止を旨とする内務省の救助方針に合致するものだったとはいえ、後者は、救助の「公平」、均質化を求める国家の論理と鋭く対立せざるをえなかった。いわば馬込村の相互扶助は、未だ国家の救済の論理に包摂されていなかったのである。

まさしく内務省は、日露戦争において、「隣保相扶」が崩壊をみた北多摩郡はもとより、「隣保相睦ノ実」

表３－１　荏原郡各町村団体の留守家族救助状況

町　村	人　口	収入総額	a）支出総額	差引残不足	b）救護費	b／a	現役人員	応召人員	合　計	c）戸数	d）救護戸数	d／c
	人	円 銭厘	円 銭厘	円 銭厘	円 銭厘	%	人	人	人	戸	戸	%
品川町	15,624	4,037.965	2,593.180	1,444.785	769.000	29.65	52	154	206	203	41	20.20
大崎村	4,420	743.180	743.180	0	497.400	66.93	10	54	64	61	27	44.26
目黒村	5,440	?	?	?	–	–	23	73	96	90	22	24.44
世田谷村	6,708	–	–	–	–	–	50	101	151	146	–	–
松沢村	1,628	700.260	533.743	166.517	252.000	47.21	17	30	47	44	8	18.18
平塚村	3,646	–	–	–	–	–	32	91	123	116	–	–
碑衾村	3,457	1,129.000	1,124.000	5.000	604.800	53.81	27	65	92	85	85	100.00
玉川村	6,304	500.000	415.175	84.825	397.900	95.84	21	106	127	123	96	78.05
駒沢村	3,374	947.489	750.500	196.989	556.500	74.15	27	46	73	67	71	105.97
馬込村	2,479	807.010	374.745	432.265	110.000	29.35	15	49	64	58	0	0.00
調布村	3,157	198.710	170.303	28.407	–	0.00	14	57	71	70	–	–
矢口村	3,340	838.046	865.604	△27.558	?	–	9	58	67	63	34	53.97
池上村	4,587	1,046.735	1,033.072	13.663	337.000	32.62	16	69	85	82	18	21.95
入新井村	3,240	1,508.865	872.640	635.225	387.500	44.41	20	65	85	84	11	13.10
大井村	8,409	1,342.809	725.847	616.962	228.500	31.48	26	142	168	162	16	9.88
大森町	12,245	4,141.050	3,810.050	331.000	2,331.000	61.18	40	133	172	170	85	50.00
蒲田村	2,209	435.157	435.157	0	210.000	48.26	11	35	46	44	3	6.82
六郷村	3,025	554.070	519.000	35.070	410.000	79.00	11	44	55	52	52	100.00
羽田村	12,072	–	–	–	–	–	32	114	146	132	–	–
合　計	105,452	18,930.346	14,967.196	3,963.150	7,091.600	7.38	453	1,486	1,939	1,852	569	30.72

典拠：[荏原郡復命書]

を挙げえた馬込村勇兵会の活動がしめすように、自律的な共同体を前提とした相互扶助を克服・再編しえなかったのである。当面、この問題は、日露戦争後に内務省の指導の下で、部落有財産の統一や神社合祀をとおし、ムラを物質的にも精神的にも行政村に統合することを目指した地方改良運動にもちこされることとなったのであった。

第四章　癈兵院の設立

東京癈兵院の開院

一九〇七年（明治四〇）二月一六日付の『東京朝日新聞』は、「東京癈兵院は愈昨十五日を以て旧陸軍予備病院渋谷分院跡に開始したり」として、その様子を次のように報じている。

昨日筆頭第一に入院したるは広島県広島市の沢井実造氏なり、続て滋賀県甲賀郡柏木村の沢田政吉氏なり、両氏は共に歩兵一等卒にして日露戦役の勇士なり。入院確定者は都合十四名なれども昨日入院したるは右両氏のみ、他は追々入院すべく、全員の収容を終るは来る二十日なりとの事なり。全員収容の上にて陸軍大臣其他の臨検を仰ぎ、追ては公然世間一般同情者の臨院慰藉を仰ぐべき見込の由なり。右様の次第にて、昨今の所開院と云ふも名のみにて病舎其他の修繕、模様換等未だ十分ならず、設備完全の上は二百名を収容するに足るべし。入院確定者は当分のところ前記の如く十四名に過ぎざれども、追々入院希望者続出するの模様あれば、結局は定員の入院者を見るならんと職員一同は想像し居れり

陸軍は当初、東京、大阪、福岡の三カ所に癈兵院を設置し、各々二〇〇人、一〇〇人、五〇人、合計三五

○人を収容する見込みでいた。しかし収容者は、唯一設置されたこの癈兵院でさえ、「結局は定員の入院者を見るならん」との院長以下職員一同の「想像」を裏切り、一度も定員を満たすことはなかったのである（矢野慎一「傷痍軍人療養所の歴史」）。

癈兵とは、一九二七年（昭和二）九月の外務省の照会に対する陸軍省の回答によれば、戦闘または公務に基因する傷痍疾病によって「不具癈疾」となり、軍人恩給法の増加恩給を受ける者をいう。したがって下士卒のみならず、佐尉官・将官までを含み、逆に同じく戦闘または公務に基因する傷痍疾病によって退職もしくは兵役を免除された者でも、「不具癈疾」の程度に達しない傷病賜金受給者――一九二三年の恩給法成立以前は軍人恩給法の賑恤金受給者、「一時金癈兵」とも呼ばれる――は癈兵に含まれない（「本邦癈兵制度ニ関スル件」）。

その呼称は、一九一七年（大正六）の軍事救護法の成立によって「傷病兵」の名が併用され、さらに一九三一年（昭和六）一月の兵役義務者及癈兵待遇審議会の答申によって満州事変以降、「傷痍軍人」へと統一されていく。この変化は、「癈兵」の名が傷痍軍人の名誉を表徴するにふさわしくないとの表向きの理由以上に、総力戦段階における国家の要求に対応していた。それゆえに実際には、「癈兵」と「傷病兵」、さらには両者と「傷痍軍人」は単に名称が異なるだけでなく、その定義も異なる。単純にいえば、後年になるにしたがい、傷病者を労働力として戦争に動員すべくこれを把握するため、より包括的・網羅的な概念となっていくのである。この間癈兵院は、一九二三年に陸軍省から内務省に移管され、さらに三四年には傷兵院と名を改めるが、むしろ「傷痍軍人保護」施策の拡充とともに、入院資格が限定され、とくに日中戦争以降、その存在自体が社会から隠蔽されていくのであった。

本章と次章では、こうした癈兵院の歴史について、癈兵団の動向や彼らに対する国家・社会の眼差し、同じく癈兵の収容施設でありながら、「理想的軍人村」を建設しようとした大阪保誉院の存在などとかかわらせながら、あとづけていく。その軌跡は、「軍事援護」なるものの本質をよく照射しうるものとなろう。

山県意見書

癈兵院の設立は、日露戦争中の一九〇五年六月一二日、参謀総長山県有朋が陸軍大臣寺内正毅に対し、「癈兵院設立ニ関スル意見」を進達したのを嚆矢とする。ちなみにこの日は、アメリカ大統領セオドア・ルーズヴェルトが日露両国に講話を勧告、ロシアがこれを受諾した日にあたる。

山県は、戦争の勝利が「抑々又上ハ将校ヨリ下卒伍ニ至ルマデ忠君愛国ノ熱誠ヲ懐キ、一身一家ヲ顧慮セスシテ全力ヲ傾注セルノ致ス所タラズンバアラス」との自らの認識をふまえ、かかる従軍将兵の悲惨な状態、ことに「傷者ニシテ四肢ヲ損シ、五官ヲ失ヒ、他日再ビ自活ノ業ヲ執ル能ハサルモノ亦既ニ幾百千ヲ算フベシ、且ツ戦局ノ前途尚遼遠ナルガ故ニ其ノ数更ニ多キヲ加フルニ至ラン」事態に思いをはせ、癈兵院の必要性を次のように説いている（「癈兵院設立ニ関スル件」）。

是等不幸ノ境遇ニアルモノ自ラ進テ国家ノ犠牲トナレルモノタルニ於テ、国家カ須ラク之ヲ救済スル道ヲ尽スヲ要スルコト固ヨリ言ヲ俟タス、恩給ノ法之カ為ニ存シ扶助ノ制亦之カ為ニ行ハルト雖トモ、未タ以テ到レリ悉クセリト云フコト能ハサルナリ、況ヤ其ノ法制ニ由テ支給セラル、金額ノ如キ未タ充分ト認ムルヲ得サルニ於テヲヤ、或ハ支給金額ノ増加ヲ以テ其欠クル所ヲ補フヲ得ヘシト思惟スルモノナキニアラサルベシト雖モ、予ノ見ル所ヲ以テスレハ未タ然ルヲ得サルモノアリ、若シ夫レ傷者ニシテ起臥行動著シキ不便ヲ感セサルモノ、ミナランカ、給額ノ増加固ヨリ事ニ益スルナキニアラサルヘシト雖トモ、其ノ不具癈疾トナリ進退座臥他ノ手ヲ仮ラサルヘカラサルモノ、如キニ至テハ為ニ多ク得ル所アラサルヘキナク、況ンヤ其ノ煩累ハ家族ノ上ニ及ヒ、施ヒテ以テ其ノ営業上ノ防碍トナル虞アルヲ免レサルヘキニ於テヲヤ、是ニ於テ予ハ此等憫レムヘキ不具癈疾トナレルモノ、為ニ癈兵院ヲ設立シ之ヲ収容救養スル必要アルヲ認ム

かつ廃兵院の設立は、山県にとって、「国家ノ為ニ尽瘁シ、自ラ進テ犠牲トナレル忠誠ノ国民ノ救養スルコト元ト国家当然ノ義務」としてのみならず、「後世子孫ヲシテ国家ニ忠誠ナラシムル所以ノ道タリ」とも意識されていた。とりわけロシアの復讐戦を思えば、「国民ノ義勇奉公ノ念ハ力メテ之ヲ養成シ、益々堅固ナラシムル」ため、癈兵院の設立によって、「国家ノ為ニ不具トナリ癈疾トナレルモノ、如何ニ国家ノ厚遇篤待ヲ享クルカヲ有形的ニ知了セシムル」必要があった。さらにそれは、戦前すでに社会主義運動が政治運動に突き進み、戦争中も反戦を掲げる平民社の言論活動が民衆に一定の支持をうる状況の下で、「社会階級間ノ嫉視反目ヲ未然ニ防遏シ若クハ緩和スル所以」と位置づけられ、「社会ノ調和ヲ計ル」社会政策的見地

からも、喫緊の課題とみなされたのであった。戦後、日本社会党の機関紙として再刊なった『日刊 平民新聞』が、「戦後の軍人」なる特集欄のなかで癈兵家族の窮状を取りあげたことを思えば、権力者としての山県の眼は慧眼と呼ぶに値しよう。

さらに山県は、「本邦ノ習俗」がヨーロッパの個人主義と異なるがゆえに、たとえ癈兵院の設立をみても、「自ラ好テ之ニ入ルモノナカラン」との説が出るのを想定し、日本の家族制度のありかたから一応これを肯定、「乃チ其ノ入院ハ彼等ノ意ニ任セテ可ナリ」としつつ、次のように反論する。

然リト雖トモ全国ノ家族皆悉ク然リトハ断スベカラス、殊ニ下層社会ノ夫婦共稼若クハ一家共稼ニ由テ纔ニ糊口シ得ル境遇ニアリ、随テ教育ニ欠クル所アルモノニアリテハ、其夫タリ父タリ将タ兄弟タルモノ、不具癈疾トナリ、其衣食起臥ニ介護ヲ与ヘサルヘカラサルコト、ナカランカ、其ノ父タリ兄弟タルモノ曩ニハ杖トモ柱トモ頼マレタルニ反シ今ハ多少ノ恩給之ニ伴フアルモ却テ厄介視セラル、コトナキヲ保セス、是レ情誼ニ於テ素ヨリ当ニ然ルヘカラサル所ナリト雖トモ実際ニ於テハ蓋シ然ルモノアラン、乃チ斯ル境遇ニアルモノハ寧ロ癈兵院ニ収容セラル、ヲ望ム情ナクンバアラズ……況ヤ鰥寡孤独ニシテ衣食ノ給ヲ家族ノ手ヨリ受クル能ハサルモノ亦少カラサルベキニ於テヲヤ、且ツ夫レ国家ノ為ニ尽瘁シテ不具癈疾トナレルモノ、其家族ノ為ニ厄介視セラル、カ如キ事実ノ果シテ如何ナル感化ヲ児孫ノ心性上ニ及ホスヘキヤ、如何ナル感動ヲ一般社会ノ上ニ与フヘキヤ、又其ノ厄介視セラル、モノ及ヒ之ヲ厄介視スルノ止ムヲ得サル窮地ニ立ツモノ、国家及ヒ社会ニ対スル感想果シテ如何、是レ亦深ク思ハサル

ベカラサルナク

後述する癈兵院に対する陸軍省の考え方と比較して注目すべきは、山県が入院者を独身者にのみ限定して考えてはいなかったことである。総じていえば、山県は民衆生活の千差万別なありようをふまえつつ、癈兵院への入院を本人とその家族の意思に任せるべきだと主張しているのである。このことは、山県が烈しい権力志向に貫かれた生涯を送った「政治型人間」（岡義武『山県有朋』）でありながら、すぐれた政治家に共通する資質として「生活世界」の現実に通じていた証にほかならない。少なくとも、その民衆観が観念的理解に終わっていないことは、「夫婦共稼」もしくは「一家共稼」によってようやく生計を維持しうる「下級社会」の現実をふまえ、癈兵たる夫や父、あるいは兄弟を「厄介視」せざるをえない状況を、「是レ情誼ニ於テ素ヨリ当ニ然ルヘカラサル所ナリト雖トモ、実際ニ於テハ蓋シ然ルモノアラン」と評したことにあきらかであろう。

おそらくは、山県こそ、近代日本を通じて「軍国主義者」と呼ぶに最もふさわしい人物であったろう。かかる山県にして、「軍国」のため犠牲となった癈兵の存在が、家族や社会のなかで「厄介視」されることは、到底座視しうる問題ではなかったのである。その一方で、山県が徴兵制度の生みの親として自ら創出した「百姓町人兵」に対し、ある種の精神的な絆を意識していたであろうことも、また疑いをえない。

法の内容

陸軍省は、山県の意見書を受け、法案の作成に着手、一九〇五年一二月二九日には陸海軍大臣の連署によって癈兵院法案を閣議に提出する。同法案は、翌年三月七日、第二二帝国議会に上程され、衆議院の一部修正可決、貴族院の可決を経て四月七日公布、九月一日より施行された。同日、院長以下職員が任命されるとともに、陸軍省内で事務を開始、一三日東京予備病院に移転する。

癈兵院法は、第一条に「戦闘ノ為傷痍ヲ受ケ軍人恩給法ニ依リ増加恩給ヲ受クル者ニシテ救護ヲ要スルモノハ命令ノ定ムル所ニ依リ癈兵院ニ収容ス」と定め、さらに第二条において、公務のため同様に増加恩給を受ける者にして救護を要する者については、とくにこれを収容することを得ると定めている。収容者は「国費ヲ以テ終身之ヲ扶養スル」ものとされた（法第一条）。したがって糧食や被服等はすべて官費によって賄われる。

収容者の資格要件を具体的に定めた癈兵院条例第七条は、第一項で「入院志願中自己ノ資産又ハ労役ニ依リ自活スルコト能ハサル者ニ限ル」とし、さらに第二項で「軍人恩給法第九条第一項第二号以上ノ不具癈疾者ニシテ救護ヲ要スヘキ特別ノ事情アル者ハ前項ノ規定ニ拘ラス之ヲ収容スルコトヲ得」としている。「軍人恩給法第九条第一項第二号以上ノ不具癈疾者」とは常に介護を必要とする者を指す。すなわち収容者は「自活スルコト能ハサル者」もしくは常に介護を要する者のいずれか一つの要件を満たしてなくてはならない。収容は志願にもとづき、その順序は、一　症項の原因及軽重、二　資産の多少及労役の能否、三　扶養義務者その他救護を為す者の有無、四 年齢の多少、五 品行の良否、六 その他生活に関する各種の状況を斟酌し、救護の必要が多き者を先にするとされている（条例第八条）。なお収容者は、一 軍人恩給法に依り恩給を剥奪せられ又は停止せられたるとき、二 救護を要せさるに至りたるとき、三 屢懲罰に処せられ改悛の見込なきとき、のいずれかに該当するときは退院を命じられる（法第四条）。

収容者が定員を満たない最大の要因とされ、後々まで議論の対象となったのが、収容者に対する恩給停止の措置であった。法第三条は「癈兵院ニ収容シタル者ニハ其ノ間恩給ノ支給ヲ停止ス」と定め、代わりに条例第一〇条において、収容者に対して「入院ノ日ヨリ退院ノ日迄本人ノ受クヘキ恩給月割額五分ノ一ニ相当スル金額ヲ毎月手当トシテ支給ス」とした。この点については後述する。

癈兵院は所在地師団長がこれを管理し、陸軍大臣の監督に属す（条例第一条）。東京癈兵院は第一師団長の管轄である。職員は院長、主事、主計、軍医、下士または判任文官からなり、院長および主事は将校相当官をもって充てられた（条例第二条）。したがって院長をはじめとする職員は、ほとんどの収容者にとって「上官」ということになる。

収容者の犯罪および審判に関しては、海軍出身者を含め、服役を免ぜられた当時の官等級に応じて現役陸軍軍人とみなされる（法第六条）。したがって、犯罪に関しては陸軍刑法の、審判に関しては陸軍治罪法の適用を受ける。さらに収容者に対しては、「陸軍軍人ニシテ其ノ本分ニ背キ軍事ノ定則ニ違ヒ其ノ他軍紀ヲ害シ風紀ヲ紊リ陸軍刑法ノ罪ニ該ラサル者アルトキハ本令ニ依リ之ヲ懲罰ス」との陸軍懲罰令の規定も適用される（条例第一四条）。この意味で廃兵院は、職員と収容者のありかたや諸給与にみる階級格差の存在と相俟って、兵営と何ら変わるところはなかったのである。

陸軍省の意図

陸軍省にとって、廃兵院設立にあたっての最大の問題は、法案が審議された第二二議会貴族院特別委員会において、東京廃兵院の定員を二〇〇名とした積算の根拠を問う委員に対し、陸軍次官石本新六がはからずも「全ク想像デゴザイマス」と答弁しているように、あらかじめ入院者の数を特定できない点にあった。廃兵の全体数については、この時点で、増加恩給を受ける者一万三五〇〇人に、陸軍病院において加療中で未だ項症が確定してない未決者三〇〇〇人を勘案し、約一万六〇〇〇人と見積もられていた。これに対し、冒頭述べたごとく、陸軍は東京、大阪、福岡の三カ所に廃兵院を設置し、各々二〇〇人、一〇〇人、五〇人、合計三五〇人の廃兵を収容することを当初予定していた。その合計定員は、廃兵の全体数からみれば約二％にすぎないが、これは軍が第四項症以上の二七一五名を入院対象と考えていたからにほかならない。

すなわち軍人恩給法第九条は、増加恩給について、「戦闘及戦時平時ニ拘ハラス公務ノ為メ傷痍ヲ受ケ若クハ疾病ニ罹リ左ニ掲クル事項ノ一ニ当ル者ニ退職恩給、免除恩給ノ外特ニ給スル」と定め、傷痍疾病の程度を次のように規定していた。

一　両眼ヲ盲シ若クハ二肢以上ヲ亡シタルトキ

二　前項ニ準スヘキ傷痍ヲ受ケ若クハ疾病ニ罹リタルトキ
三　一肢ヲ亡シ若クハ二肢ノ用ヲ失ヒタルトキ
四　前項ニ準スヘキ傷痍ヲ受ケ若クハ疾病ニ罹リタルトキ
五　一眼ヲ盲シ若クハ一肢ノ用ヲ失ヒタルトキ
六　前項ニ準スヘキ傷痍ヲ受ケ若クハ疾病ニ罹リタルトキ

これら各項は第〇項症と呼ばれ、実際の症例がどの項にあたるかの細部は、一八九二年一二月の「陸軍軍人傷痍疾病恩給等差例」によって定められている。同例の一には「不具若クハ癈疾トナリ常ニ介護ヲ要スルモノハ第一項若シクハ第二項トシ、其常ニ介護ヲ要セサルモノハ第三項若クハ第四項トシ、其介護ヲ要セサルモノハ第五若クハ第六項トス」とあり、陸軍省が第四項症以上を対象とした根拠が判然とする。この点は、山県も同様で、意見書に添付された一九〇四年二月から翌年五月までの「除役患者表」および「免官免役表」に各々計上された陸軍軍人八四二人、海軍軍人一四五人はすべて第四項症以上に該当する者であったのである。なお等差と人数の関係は、基本的に項症が重くなるにしたがい人数が減少するピラミッド型をしめす。

さらに陸軍省では、こうした介護を要する癈兵のなかでも、とくに独身者のみを入院対象と考えていた。陸軍大臣寺内正毅は、貴族院の特別委員会で、次のように答弁している（『帝国議会貴族院委員会速記録』17）。

家族ガ貧乏デ金ガ無クテ救護ヲスル者ガアラウト云フ心配デゴザイマスガ、ソレハ増加恩給ト云フモノデ殖ヤシマシタ……一人グラ井ノ介抱人ガ要ルト云フ傷者ガ出来ルカラ、ソレデ恩給ヲ殖ヤシテ慰安ノ途ヲヤラウト云フコトカラ増加恩給ヲ一方殖ヤシタ、ソレデ私ノ方ノ見込デハ今アナタノ仰シヤルヤウニ家族ガ貧乏デ此所ニ来ナケレバナラヌト云フモノハ来ナイト認メテ居リマス

この第二二議会に同時に提出された恩給法改正法案は、増加恩給について前記第九条第一項に該当する傷痍疾病に加え、第一項から第六項までのいずれかに該当する傷痍を受け、または疾病に罹った者については特別項として認め、その項症の等差に応じ、第三号表甲号または乙号第一項の金額の一〇分の六以内を増給するとともに、第三号表全体の増額改訂を行おうとする内容のものであった。ちなみに第三号表とは、官等および項症に応じて増加恩給の金額を定めた表で、戦闘傷痍が甲号、公務その他の傷痍疾病が乙号によった。

要するに寺内は、こうした増加恩給の増額によって、一般癈兵には介護が可能となるので、癈兵院を独身者に限定した施設としうると発言しているのである。しかし、寺内が別の箇所で、恩給増額によって「一番下級デモ百六十円グラ井ハ貰ヒマスカラ、是デ一人ヤ二人ハ生活出来ル」としているのは完全な誤りで、陸軍二等卒が仮に最も支給額の高い特別項症に該当したとして、甲号第一項の金額は年額六八円（改訂前四〇円）、これにその最大六分の一を足しても八〇円程度にしかならない。最高額にして日額わずかに二二銭であり、たとえ増加恩給受給者には、免除恩給（陸軍二等卒一一年で四五円）が併給されるにしても、「是デ一人ヤ二人ハ生活出来ル」と楽観できる金額では到底ありえなかった。主たる働き手を事実上奪われたうえに、さらに介護に一人をさくことは、「夫婦共稼」「一家共稼」によって生計を維持する民衆にとって、きわ

めて困難であったからである。

そもそも、収容者が独身者に限定されるとの寺内の発言が問題となったのは、何よりも法案の恩給停止条項の存在が危惧されていたからであった。貴衆両院における委員会審議の過程でこの点に議論が集中したのも、家族を有する癈兵が貧困ゆえに入院せざるをえない状況が委員にも予測されただけに、恩給停止が残された家族をさらに悲惨な境遇に陥れることへの懸念が存在したからにほかならない。無論、後年政府によって主張されたように、癈兵院が国費をもって収容者を扶養する以上、これに恩給を支給し続けることは、他の癈兵との間に処遇の格差が生じるだけに、法的平等を守るという立場から容認できないとの論理は当然成り立つ。しかし陸軍省には、こうした法的権衡論以上に、「唯今ノ御説ニ依ッテ［恩給を］支給ト云フコトニナリマスト、癈兵院へ這入ッタ者ガ大変ニ割合ガ好クナル……サウスルト癈兵院へ入ルコトヲ願出ル者ガ多クナッテ、国庫ノ負担ガ増加スルダラウト思ヒマス」との次官答弁にみるように、収容者数を特定できないがゆえに、入院志願にある程度歯止めをかけたいという現実的な思惑が存在していたのであった。

家族扶助料の支給

このように癈兵院は、介護を要する癈兵のうち、独身者のみを収容する方針で出発することになった。しかし現実は、軍の予測をことごとく裏切る結果となった。すなわち項症の軽い者や家族を有する者が入院を志願し、初年度から収容される一方で、定員の四分の一すら満たすことができない状況が長く続いたのである。軽症者や有家族者が入院を許可されたのは、本来、癈兵院法第一条が救護を要する者を収容すると謳っている以上、条例第七条の「自活スルコト能ハサル者」という資格条件さえ満たしていれば、入院を拒む理由がなかったことによる。項症の等差や家族の有無は、入院志願者が癈兵院の定員を上回っていることを前提に、その優先順位を決める要件として定められているのであって、そもそも定員が満たされない以上、意味をなさない。むしろ軽症者や有家族者の入院志願を拒否することは、収容者をさらに減少させ、癈兵院の存立にもかかわりかねなかったからである。

かくて早くも一九一二年には、癈兵院法の改正が陸軍省内で検討されることになる。それは、陸軍省が改正理由ついて、「同院設立以来ノ実験ニ徴スルニ、本邦ノ如キ家族制度ノ発達セシ国風ニ於テハ、自然家族ト休戚ヲ共ニスルノ観念旺盛ニシテ、従テ自身入院スルカ為恩給ヲ停止セラルルノ結果、家族ハ反テ生活上困難ニ陥ルコトヲ顧慮シ、悲惨ノ境遇ニ甘ンシテ入院セサルモノ尠ナカラサル等、癈兵救護上適当ナラサルモノト認メラレ候ニ付」と述べているように、収容者に対する恩給停止の見直しにほかならなかった（「癈兵院法及癈兵院條例中改正ニ関スル件」）。

すなわち、収容者に対する恩給停止規定はそのまま残しつつも、親族に対して退職恩給もしく免除恩給の三分の一にあたる額を「扶助料」として支給することとし、かつ収容者に対する毎月の手当を、これまでの本人が受けるべき恩給、すなわち増加恩給と退職恩給もしくは免除恩給を合算した額の月割五分の一から、増加恩給の月割三分の一に改めたのであった。要するに収容者とその家族全体からみれば、従来の恩給の五分の一から、三分の一に相当する額が手元に還ってくることになるが、この増加分はすべて扶助料に振り向けられたことになる。

改正癈兵院法・同条例は一九一三年三月公布され、四月一日より施行された。

升田憲元の批判

一九一三年に刊行された升田憲元『兵役税論』は、癈兵院についての興味深い批判を行っている。升田の主張が新鮮であるのは、癈兵院の不振を多くの論者と同様、恩給の停止に求めながらも、欧米における癈兵院の歴史と現状をふまえつつ、日本における恩給制度のありかたと関連づけてこの問題を論じているからである。

升田によれば、ヨーロッパ諸国における癈兵院の設立は、「中世紀の頃宗教的又は慈善的の観念に基き、国王が寺院又は慈善団体を奨励して癈兵の救護に当らしめ、僧侶、慈善家も亦之に努力し来たりたるに起因」し、一七世紀にフランス癈兵院が設立されて以来、各国も漸次これにならい、「恩恵的事業」として発達してきた。その事業は、とくに一八世紀末から一九世紀はじめにかけてのナポレオン戦争が、癈兵を著しく増加させ、これに対する「世人の同情大なりし」ことにより、いよいよ「盛大」に向かったが、一九世紀中頃よりしだいに「衰勢」におもむいたという。升田はその理由を次のように説いている。

本来軍人にして戦争其他公務に基因する傷痍疾病を受け、若くは老年のため癈兵となりたる者に対する救護の如きは、国家が国家の義務として当然之を為すべきものにして、毫も恩恵的観念を挿むべきものにあらざるが故に、当時諸国の輿論は、癈兵に対しては当然且つ一般に彼等の権利として、其生活を支ふるに足るべき恩給を支給すべきものなることを認むるに至れり。其結果終に恩給法の制定となり、且つ同法の漸次完整せらるゝに及び、旧来慈善的の観念に依りたる癈兵院の事業も、慈善事業としては漸く一般に重視せられざるに至りたると共に、癈兵自身も亦相当の生活をなすに足る恩給を受くることを得ば、不具癈疾者の団集中にありて悲劇的没趣味の生活を営まんより、寧ろ郷里に在て一族郷党の間に自由なる生活を営むことを欲し、之がため一時盛なりし欧洲諸国の癈兵院も、第十九世紀の中葉より漸次衰勢に趣きたるものにして、之れ寧ろ当然の順序なりとす

升田によれば、ヨーロッパ諸国の癈兵院が衰勢に傾くのは「当然の順序」=歴史の必然であった。なぜなら癈兵救護は、一九世紀中頃より、癈兵院を成立せしめた恩恵的観念や慈善的観念を克服して国家の義務とみなされ、癈兵の権利としての恩給制度を拡充する方向へと向かっていたからである。したがって升田によれば、貧困救済を目的とする癈兵院は、ヨーロッパにおいてはすでに「歴史上の遺物」にすぎないというのであった。

故に此の如き目的を有する癈兵院の制度たるや、畢竟するに恩給制度の未だ存せざるか、若くは縦令其制度存在するも、恩給額僅少にして到底之のみを以て自己の生活を維持する能はず、爾かも他に何等の収益源を有せざる者多き時代又は国に於いてのみ重要なる救護機関たるを失はずと雖も、既に恩給法を

制定し、其額にして充分生活資料を購ひ得るの程度に達せば、僅かに歴史上の遺物として存するに過ぎざるに至るべし。

升田の主張にそいつつ、日本における癈兵院制度の特殊性を指摘すれば、山県の意見書にみたように恩給制度が存在するにもかかわらず、むしろ恩給制度が十分でないことを前提にこれを補うべく、癈兵院が成立されたことにある。ちなみに日本の恩給制度は、一八七五年四月のいわゆる陸軍扶助概則と同年八月の海軍退隠令をもって創設され、「まず、軍人に係わるものに始まり、順次他の恩給公務員に係るものに及んで」いった歴史をもつ。しかし、それが一般に「権利」として認められるのは、一九二三年の恩給法の成立をまたなければならなかったのである（総理府恩給局『恩給制度史』）。

かくして升田も、癈兵院不振の最大の理由を恩給停止に求めるのだが、むしろ問題は恩給額の絶対的な僅少さにこそあったのであった。すなわち日本の癈兵院制度の目的が、無資力の生活困窮を収容することにあるがゆえに、収容者は恩給以外に家族を養う途なき者が多くを占める。恩給はもとより少額であるといっても、彼らの大部分はなおこれをもって生活の基礎としているのであって、恩給を停止されるときは何によってその生活を維持しうるのか、と。要するに恩給が僅少であることが、入院志願の最大の動機であるとともに、これを思いとどまらせる最大の要因ともなっていたのであった。

なお升田はその他の原因として、家族と共同生活がなしえないこと、無係累者であっても郷里にあって妻帯し新家庭をつくりたいと欲すること、癈兵院の軍隊的組織を忌むこと、日本人の特性たる望郷の念におかされやすいこと、癈兵院設立の目的は癈兵の功績に報いるものであることを知らずして単に貧困救助のみにあると誤解し多少入院を恥じる意識があること、父兄郷党の同情心によること、不具癈疾者の集団に加わるのを悲観すること、さらに憐れむべきは、廃兵が恩給を担保として高利貸より負債するにより、もし入院すればその恩給がたちまち停止されるがゆえに、高利貸があらかじめ彼らをして入院しないように誓約させておくこと、またたとえ誓約がなくとも百万恐喝してこれを防止すること、を挙げている。

癈兵院が不振をかこったのは、恩給の停止を最大の要因としつつ、こうした諸原因が重なった結果にほかならない。

院内生活の実態

癈兵院は、東京予備病院開所前の一九〇七年九月一一日、三井八郎右衛門より、かつて宍戸藩松平家下屋敷であった旧宍戸子爵邸敷地および建物（巣鴨町大字巣鴨一二六七〜一二八六および一二九〇番地）の寄付を受け、一〇月より癈兵舎の建設に着手、翌年五月工事落成、六月一日をもって同所に移転した。新庁舎の敷地は一万八〇〇〇坪におよぶ広大なもので、建物総坪数二〇〇〇坪におよんだ。

癈兵院は、一九〇九年一〇月に明治天皇の侍従武官差遣慰問、同年一二月皇太子嘉仁の行啓慰問を受けたのをはじめ、各皇族の来院慰問を受けた。また乃木希典は、ドイツでの留学体験にもとづき、「癈兵院の正否如何によりて其の国の軍隊の価値を知る」とその重要性を認識していただけに、創立当時より癈兵院のために尽力し、再々にわたり廢兵を見舞い、多くの品を寄付した。このため乃木の殉死は廢兵に大きな衝撃を与え、全廢兵が葬儀への参列を熱望した。院内には葬儀後、乃木の遙拝所が一室に設けられ、その遺徳を慕う廢兵の姿が絶えなかったという（大濱徹也『乃木希典』）。

こうした廢兵院の施設や院内生活のありかたについては、一九一八年一〇月二五日の皇后行啓のさいに作成された「東京廢兵院概況書」「廢兵名簿」その他が参考となる（「皇后陛下廢兵院へ行啓ノ件」）。なお院では、この前年に庭園の改築が決定しており、そのさいの「廢兵院庭園設計書」（「廢兵院庭園改築並維持ニ関スル件」）に添付された「現況図」および「設計図」と、図1を比較すると、大弓場の位置などが異なるものの、ほぼ設計図通りのものとなっている。もっとも大規模な改築が、廢兵舎南面一帯が従来竹林であったのを散歩道を有した芝生に造成しなおした点で、設計書はその意図を、「今此［竹藪］全部ヲ開墾セハ兵舎ニ近キカ故ニ最モ好適ノ運動場トナルヘク、又舎内ヨリ南方ヲ望ム眺望ハ園内第一タルヲ得ヘク、歩行自由ナラサル廢兵ヲシテ十分庭園ヲ賞翫セシメントスル目的ヲ以テ此大面積ノ開墾ヲ敢行シ、和洋折衷式ノ秀麗宏大ナル風致ヲ造ラントス」と述べている。おそらく皇后の行啓は、庭園の改築なった廢兵院への視察の意味をもっていたのであろう。

正門は、板橋からに白山南町いたる板橋街道（現白山通り）沿いに面しており、表門までの通路を経て庁舎内に入ると、向かって右に二つの内庭をもつ廢兵舎、右正面にこれと渡り廊下で結ばれた事務所、左に運動場と巣鴨移転時に日本競馬会社および愛国婦人会宮城支部により寄付された大弓場がある。炊事場を経て

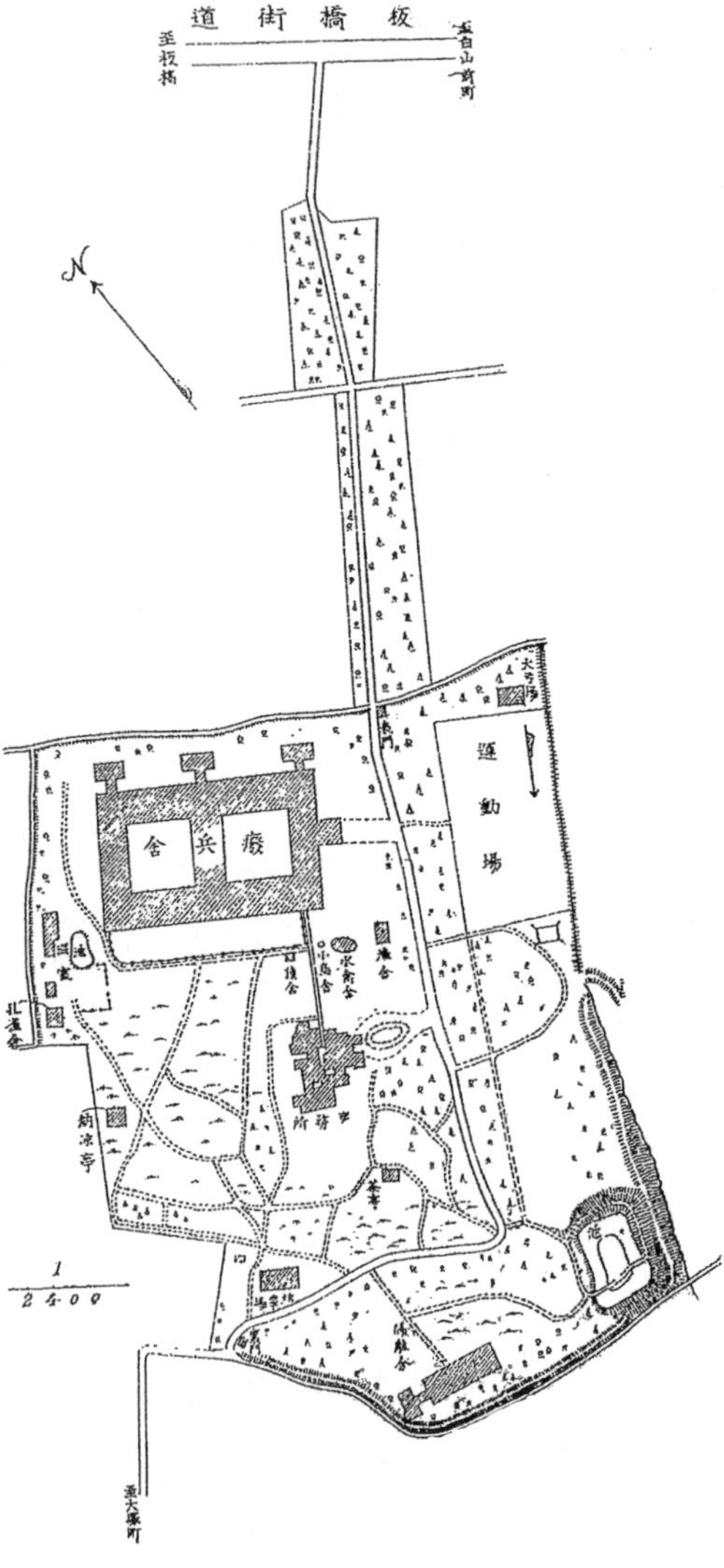

図1　東京癈兵院一般要図

庁舎内の南端に位置する建物は、おもに結核患者が収容された隔離舎である。のちにこの区画一帯には啓成社が建設される。

癈兵舎の南面には、前述のように、癈兵の健康に留意して新たに造成された納涼亭と散歩道を配する芝生が広がっていた。また兵舎近くに配された温室や、孔雀・猿などの小動物は、しばし癈兵の眼を楽しませたことであろう。院には、明治天皇より、一九〇八年九月に丹頂鶴一つがいが、一一年五月に孔雀一羽がそれぞれ下賜されている。とくに前者は、癈兵舎中庭の特設ケージに入れられ、皇室の「恩愛と慰藉」を象徴するものとして癈兵の心のよりどころとなっていた（矢野前掲論文）。

癈兵舎内は、「我国ノ慣習ヲ顧慮シテ」すべて「日本式」＝畳敷とされ、准士官以上には八畳、六畳の二室が、下士以下には六畳一室が充てられていた（図2）。ちなみに軍隊では、兵室は無論のこと、一九一四年九月の「兵営内ニ畳ヲ使用セサル件」で「兵営内下士兵卒ノ娯楽又ハ休憩ヲ為ス場所ニ畳又ハ蓙ヲ用ウルコトハ、起居ノ良習慣ヲ破壊シ、軍紀上不良ノ影響ヲ来タスノ恐レモ有之候ニ付、総テ之ヲ撤廃セラレ」て以来、日中戦争期まで兵営内に畳はいっさい存在しなかった。いわば、日本人の伝統的な生活様式である座居は、兵士の身体を創る上で矯正すべきものとみなされていたのである。その他舎内には、厠、洗面所、浴室、食堂はもとより、理髪所、娯楽室といった施設があり、重症者といえども最低限の生活がなしうるよう配慮されていた。

舎内には医務室が設けられ、軽症の者は院内に於いて治療を加えられ、必要なときは衛戍病院に入院、治

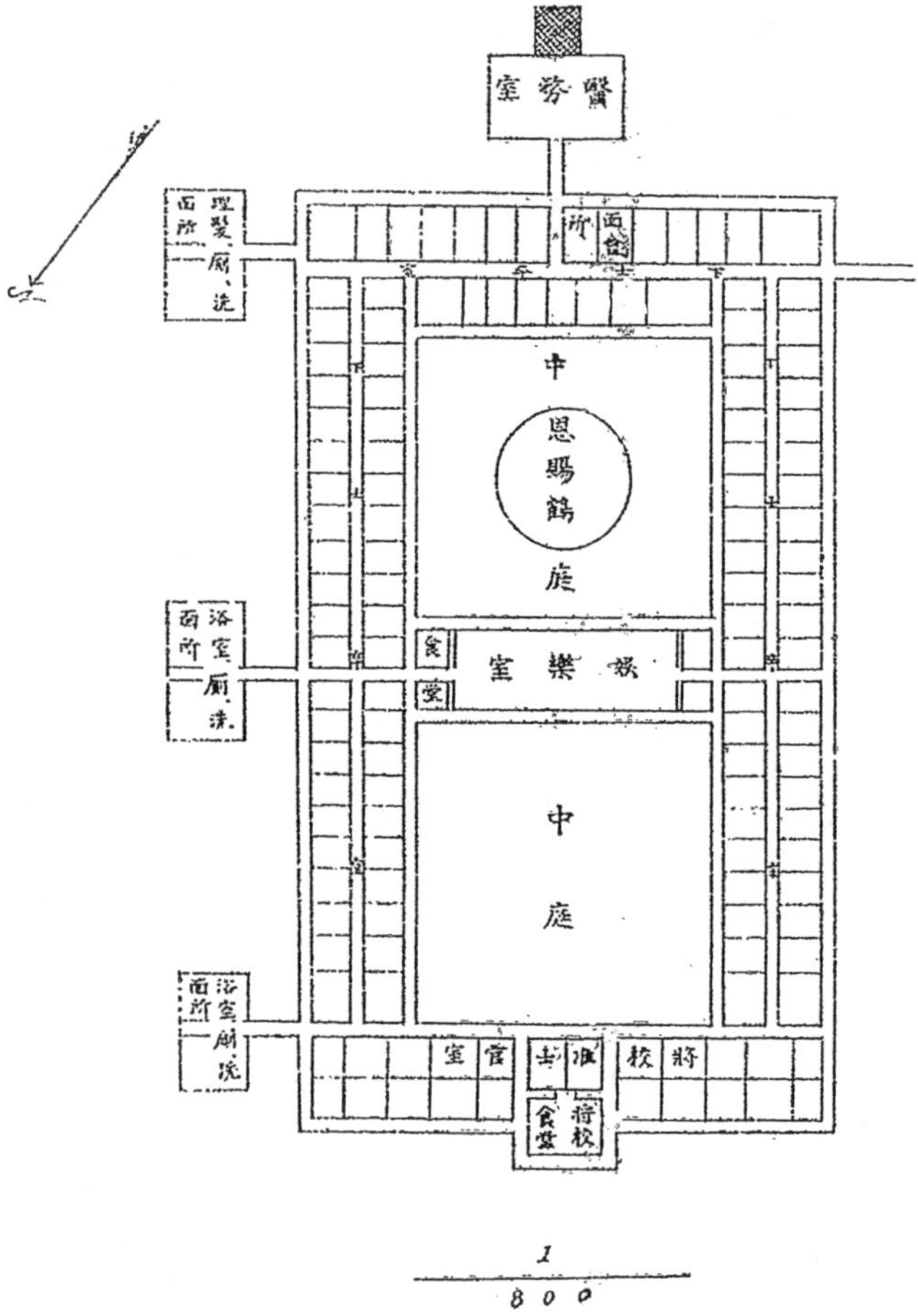

図 2　東京癈兵院癈兵舎要図

療を受けた。癈兵には、介護および身辺の用務にあたるため、不具癈疾の状態により一人一名の専属、あるいは二、三人ごとに一人の看護人が配備された。さらに碁、将棋、球戯、大弓および図書、新聞、雑誌の閲覧等の娯楽設備が施され、あるいは篤志家の寄付によって毎月おおむね二回演芸が催され、癈兵は家族、知己らをも招いてともにこれを観覧したという。なお毎朝食より日夕点呼までは自由に外出でき、必要に応じては帰省外泊も許可されていた。

院内では、収容者に業務を課すことなく、その起居についてもまたなるべく拘束を加えず、院長以下「家庭的真情」をもってこれに接し、「一ハ精神的慰安ニ努メ、軍人的資質ヲ維持シ、以テ有終ノ美ヲ発揮スル如ク、又一ハ　鴻大無辺ナル　皇恩ト国家社会ノ多大ナル同情トニ対シ、報恩感謝ノ念ヲ忘レサル如ク訓育指導シツ、ア」ったという。「概況書」は「然レトモ無為徒食ハ動モスレハ煩悶ヲ惹起シ、或ハ厭世ノ感ニ囚ハル、ナキヲ保シ難キヲ以テ、癈兵ノ症状、素質及嗜好ニ応シ適当スル学術技芸ヲ修習セシメツ、アリ」として次のよう認めている。

蓋シ当院ニ収容セル癈兵ハ傷痍ノ為一時職ヲ失ヒ、生活ノ途ニ窮シタル者ナルモ、修業ノ後ハ再ヒ自活セントスルノ観念旺盛ニシテ、斯ノ如キハ一面ニ於テハ精神上ノ慰安ニ資シ得ヘキヲ以テ、癈兵ノ名誉ト対面トヲ汚ササル範囲ニ於テ寧ロ之ヲ奨励シ、之ニ要スル費用ハ官給セリ、而シテ目下修習中ノ者ハ絵画、彫刻、写真、挿花、漆器細工、刺繍、刀剣柄巻並ニ其他ノ手工業ニシテ、又日本薬学校、正則英語学校、東京盲学校ニ通学中ノ者アリ、其他守衛、職工、筆耕トシテ家族生計ノ補助費ヲ収得スル者ア

リ

収容者には、増加恩給の三分の一にあたる手当（下士以下平均一人月額一円三〇銭）のほか、慰藉費、糧食、被服が支給されていた。このうち慰藉費は、右のような各自の嗜好に応じる学術技芸の修習費のほか、娯楽費、理髪費および嗜好費として、一人月額四円を目途とし現品給与された。また糧食は、一人日額準士官以上が五一銭、下士以下が三九銭で、院長に経理が委任されていたが、大戦中の物価騰貴のため「給養ヲ粗悪ナラシムルコトヲ慮リ」、定額以外に委任経理積立金利子から一人日額五銭が支出されていた。

さらに被服に関しては、入院の当初に一切が貸与される規定で、院内被服には白木綿の和服が、院外被服には準士官以上にその官等に応じた制式の軍服、その他の者に陸軍下士卒の軍服とほぼ同一制式の軍服が、各々用いられた。ただし、症状の関係により軍服を着用できない者が多数いるため、院外被服にあっても鳥打および麦わらの帽、黒紬または黒木綿および縞単衣の着物、黒紬・黒絽の羽織、嘉平治・小倉の袴、雨具として紺絨製のマント、靴または下駄の履物を一揃いとする和服が供用された。

収容者の直接費用のうち、手当金、重症者の付添人に要する費用を含む入退院の旅費、糧食費、被服費、需品費および患者費、付添看病人に対する給料は、国家予算内の癈兵費より支出され、収容者一名に対し概算平均年額三三〇円内外となっていた。この国費支出のほかに、寄付にかかる基本利子より、前記のように一人月額四円、すなわち年額四八円を見込みとして慰藉費が支出されていた。結局収容者一人につき、直接費の年額は約三八〇円内外であるので、たとえ恩給を停止されても待遇の度は「満足スヘキ状況」にあると、

表４－１　癈兵入退院死亡数一覧表　　1918年10月24日調

年次	入院	減員			現在数	特別項症	第一項症	第二項症	第三項症	第四項症	第五項症	第六項症
		退院	死亡	計								
1907	33	5	3	8	25	3	1		8	4	3	6
1908	29	7	3	10	44	6	3	2	15	3	7	8
1909	12	7	2	9	47	4	4	4	12	4	10	9
1910	12	8	2	10	49	4	6	3	13	4	9	10
1911	6	4	3	7	48	3	6	3	13	4	8	11
1912	6	6		6	48	3	5	3	14	4	9	10
1913	6	4	1	5	49	3	6	3	17	4	7	9
1914	7	3	2	5	51	3	7	2	18	3	9	9
1915	19	5	1	6	64	3	8	2	20	6	13	12
1916	23	10	3	13	74	2	8	3	25	8	15	13
1917	21	2	2	4	91	3	8	4	33	8	18	17
1918	8	15	3	18	81	4	6	4	29	7	17	14
合計	182	76	25	101	−	−	−	−	−	−	−	−

典拠：「東京癈兵院概況書」

「概況書」は認めている。同年比較ではないが、一九二二年八月末日現在の調査（「癈兵院法及癈兵院条例中改正ニ関スル件」）によれば、准士官二名を含む収容者四九名の恩給額は退職・免除恩給二七八二円、増加恩給二六二七円五〇銭、合計五四〇九円五〇銭で、一人あたり年額約一一〇円四〇銭となるので、「概況書」が右のように主張したくなるのもうなずける。本来恩給額が過少であるのが最大の問題であるとはいえ、少なくとも収容者が充実した生活を営みうる施設や条件は整えられていたのであった。

収容者のありかた

開設以来一二年間の年度末現在数およびその項症の内訳は表４－１のとおりである。一二年間の延べ入院者数でさえ定員数を下回る。かつ皇后行啓の時点での現在数八一名は、増加恩給受給者総数一万四七五一名のわずか〇・五％にすぎない。

各年度における収容者の項症別内訳をみれば、初年度から介護を要しない第五項症者と第六項症者が入院を許可されているのがわかる。このことは、後述するように収容者の過半数が家族を有していることと相俟って、項症の等差や家族の有無といった点が斟酌されずに入院が許可されていたことをしめしている。また入院志願の理由が、必ずしも家族＝介護者の有無や、項症の等差とこれにともなう恩給額といった点にのみあったのではないことを物語っていよう。その一方で、いったん一桁台にまで減少した入院者が、一九一五年以降、再び増加に転じているのは、第一次世界大戦中の物価騰貴による恩給生活者の実質収入の減少を直接の要因としながらも、一三年以降家族に対する扶助料が支給されることになった点が大きく作用したと考える。いずれにせよ陸軍省の当初の予測は全くはずれたことになる。

一九一八年一〇月の皇后行啓の時点における収容者八一名は、陸海軍別では陸軍が七四名、海軍が七名で、その元の官等は准士官一名、下士七名（うち海軍一名）、残りはすべて兵卒である。現在のところ推測にすぎないが、恩給額が高く、さらに「体面」を重んじなくてはならなかった将校が、入院を志願したとは到底思えない。

傷痍疾病の原因を戦争別にみれば、日露戦争による者もしくは日露戦争中の公務に基因する者および戦地発病者が、七三名と全体の九〇％を占めている。このほかでは、一九〇〇年の北清事変による者が二名、一九〇三年の八甲田山遭難による者が一名、他は公務によった。日清戦争の癈兵はこの時点では収容されていない。

収容者の入院時における平均年齢は三三・〇歳、一〇月二三日を現在とする年齢は三八・五歳、平均在院年数は四・五年である。最年長者は一八六七年（慶応三）一月二五日生まれの五一歳で、日露戦争当時、乃木第三軍隷下の旭川第七師団歩兵三六聯隊に所属していた元歩兵一等卒。一九〇五年三月一〇日の奉天会戦において右膝関節銃創により、同部以下を切断、甲号三項症に認定されている。新潟県出身で、受傷時三八歳だったことになる。四人の家族を有し、刺繍を修習中。最年少は元海軍三等機関兵の二四歳で、横須賀海兵団に所属し、一九一三年七月に軍艦相模乗組勤務中、右足背機能障害となった。乙号六項症である。海軍は志願兵によって兵員を充足していたから、軍隊で身を立てようとした若者であったであろう。中等教育修習とある。なおこの二四歳は唯一の二〇歳台で、他はすべて三〇歳以上である。

収容者の出身は一道三府二六県におよび、その内訳は東京府が二一名（うち東京市一四名）と最も多く、千葉県が五名とこれにつぎ、以下茨城県・大阪府・広島県四人、宮城・新潟・神奈川県三人、秋田・福島・埼玉・群馬・山梨・静岡・石川・滋賀・和歌山の各県が二名となっている。したがって関東の各府県が合計で三九名とほぼ半数を占めていることになる。逆に過去一二年間、入院者を出していないのは山形、島根、岡山、佐賀、沖縄の各県である。このことは、入院退院旅費が支給されるとはいえ、家族との別離その他の理由から、現実問題として遠隔地の癈兵が入院を断念させざるをえない状況にあったことを想像させる。実際、一九二二年一月の第四五議会には、静岡県浜松市の薬種商ほか二一名より、「浜松市在住癈兵ハ孰レモ無資産ニシテ各自職業ニ奮闘シツツアリト雖、奈何セム不具癈疾ノ為充分ニ能力ヲ発揮スルコトヲ得ス、加フルニ諸物価ノ暴騰ハ益生活ヲ脅威シツツアリテ其窮状実ニ甚シ、依テ浜松市ニ於テモ東京市ニ於ケルカ如キ癈兵救護機関ヲ設置セラレタシ」との悲痛な請願（「癈兵救済機関設置ノ件」『第四十五帝国議会衆議院請願文集』第三）も出されているのである。

収容者の元職業は農業が三四名と全体の約四二％を占めて最も多く、次いで商業二〇名（雑貨・雑品四、売薬・薬種三、古物二、薪炭二、その他）、職人九名（大工二、その他）、工業四名、事務職三名、海運業と学生が各二名となっている。他に無職と記載されている者が七名いるが、傷痍疾病との因果関係については定かでない。また現職業では、兵器支廠職工九人、同筆耕二人、砲兵工廠職工一名、同筆耕二名、遊就館守衛七名とあるように、軍工場もしくは一九一〇年四月以降陸軍大臣の管理下に属した靖国神社遊就館など院外に働きに出る者が二一人おり、ほかに玩具工（製造）三名、ゴム会社職工二名、貝細工二名、保険会社員、雑誌編集、会社集金係、金物店員、ミシン職工、医療機械工、塗漆工、時計鎖製造、印材製造、靴の製甲、ブリキ細工各一名といったような院の内外で新たな生業を得た者や、前述のような学術技芸の修習に従事する者がいた。このことは、退院者のうち、「在院間の修行に依り自活の途を得たる者」一六名、「会社商店等に雇われたる者」一〇名の存在と相俟って、癈兵が自活の途や家計補助の役割を得る上で、院が一定の役割を果たしえたことをしめしている（表4－2）。また、「家計回復し自活の途を得たる者」や「親戚に於て扶養の途立ちたる者」についても、院が緊急避難所的役割を果たしていたと考えれば、それなりに存在意義をもっていたといえよう。退院者のなかに「病気快方に赴きたる者」が五人いることも、院のこうした役割と行き届いた看護体制を物語っている。

無論以上の点をもって、すべての収容者が軍がいうように「幸福ナル生活」（「癈兵院庭園改築並維持ニ関スル件」）を営みえたとはいいえまい。院が右のような点で一定の成果を挙げえたのは、比較的項症の軽い者が多数収容されていた点に負うところが大きかったからである。また退院者のうち、「癈兵院を誤解して入院したる者」や「屢々懲罰に触れ改悛の見込みなき者」の存在は、院内生活が軍隊組織で律せられることへの不満を想像させるし、「家政上本人を要するに至りたる者」が一八名いたことは、本人の不在というよりも、恩給の停止が残された家族の生活に重くのしかかったことをしめしている。

表４－２　減員内訳　　1918年10月24日調

	事由ならびに原因	人員
退院者	在院間の修行に依り自活の途を得たる者	16
	家計回復し自活の途を得たる者	18
	親戚に於て扶養の途立ちたる者	4
	家政上本人を要するに至りたる者	18
	会社商店等に雇われたる者	10
	病気快方に赴きたる者	5
	癈兵院を誤解して入院したる者	1
	煩悶の結果	1
	屢々懲罰に触れ改悛の見込みなき者	3
	小計	76
死亡者	肺結核	19
	肋膜炎	3
	脳溢血	1
	腸骨々瘍	1
	僧帽弁狭窄	1
	小計	25
	合計	101

典拠：「東京癈兵院概況書」

家族をめぐり

収容者の家族には、増加恩給もしくは免除恩給の三分の一にあたる額が扶助料として支給されていた。その額は入院者の官等・服役年数によって差があるものの、平均一家族に対して年額二二円にすぎない。家族は、「多クハ癈兵院ノ付近若クハ郷里ニ於テ生活シアルモ、癈兵院ノ近傍ニ愛国婦人会ノ経営ニ係ル十六戸ノ長屋アルヲ以テ、当地ニ招致セル五十家族中十六家族ハ此長屋ニ無料居住」していた。「東京癈兵院概況書」はその生活について次のように認めている。

而シテ軍人恩給法第九条第四号症以上ノ家族ニシテ当地ニ在ル者ニハ、同会ヨリ一戸ニ付毎月金三円ノ救護ヲ受ケ、目下其数三十一戸ニ達セリ、而シテ此等ノ家族ハ同会ノ授産場ノ製作品ヲ作リ、或ハ其他ノ内職ヲ営ミ、若干ノ収入ヲ受クル者アリ、又当地ニ在ル家族ノ子弟ニシテ尋常小学校ニ在学セル者ニハ、東京児童奨学会ヨリ総戸数ニ対シ月額十円ヲ目途トシテ学資ノ補助ヲ受ケツ、アリテ其戸数二十四アリ、其他郷里ニ在ル家族ニシテ愛国婦人会ヨリ毎月金二円ノ救護受クル者一戸、軍人後援会ヨリ毎月平均金三円四十銭ノ救護ヲ受クルモノ四戸アリ

軍事救護ヲ出願セル者今日マテ三十三戸アルモ、其内三十戸ハ已ニ救護ノ恩恵ニ浴シアリテ其平均月額金五円七十九銭三厘ナリ

収容者の家族は、「当地ニ招致セル」ものだけでも五〇家族一四六名におよんでいた。かつ実際には、すでにみたように収容者の入院時における年齢が三〇歳をこえていたことから推しても、ほとんどの収容者が

家族を有していたことは想像に難くない。とりわけ「当地ニ招致セル家族」の存在は、収容者にとって家族との別離が耐え難い苦痛であったとともに、傷痍疾病に基因する失業のみならず、入院にともなう恩給停止が残された家族の生計を逼迫せしめたことをしめしていよう。

これら五〇家族のうち、三〇家族については職業欄に記載がある。それによれば、足袋六名、裁縫七名、ミシン二名といったように愛国婦人会の授産場等で内職をしたり、女工（裁縫女工一を含む）二名のほか、鍛冶職、産婆、婦人髪結、パナマ（帽子）製造、露店（夫は元縁日商）、他家留守居、電話交換手といったもろもろの仕事に従事していた。また夫婦で貝細工に従事する者や、医療機械工の妻が「医療器材」、時計鎖製造の妻と鏃製作の妻が各々その手伝といったように癈兵本人と仕事を共にする例もみられた。しかしその収入は、鍛冶職と裁縫一名の一日五〇銭を最高額とし、三分の二に相当する一九人が一〇銭あるいはそれ以下の収益しかあげえていない。それだけに家族は、郷里にとどまった者も含め、愛国婦人会や帝国軍人後援会といった民間軍人援護団体や、一九一七年に制定された軍事救護法による生活扶助を受けなくてはならなかったのである。

升田憲元『兵役税論』には、癈兵家族の共同長屋について次のような記載がみられる。

先年同院附近に家族救護の目的を以て十数戸の家屋を建設し、癈兵家族の住屋として之を寄附したる者ありとの美談は、嘗て既に聞きたる所なるが、其寄附者は華族にあらず、富豪にあらずして、実に都下の牛乳商の妻女によりて組織せられたる家族救護婦人会の団体なりしとは、著者は之を聞くだに感謝の涙を払はざるを得ざりし。其他此共同長屋に居住する家族の生活扶助の方法として、或種の内職、其生産品の引受け、罹病者の生活費補助等に付ては専ら愛国婦人会の斡旋喜捨によると云ふ

おそらくは、ここに記載された共同長屋こそが、愛国婦人会の経営にかかる長屋であったろう。家族に対する住居の寄付は、院内の敷地ならともかく、本来癈兵院が受けるべき対象ではないからである。いわば家族の生活は、その救済が官治的な癈兵院では限界がともなわざるをえなかっただけに、こうした名も無き女たちの営みや、愛国婦人会の事業によって支えられていたのであった。

ところが一九一九年一一月、愛国婦人会東京支部が正門から表門に至る通路脇の付属地に、在癈兵院癈兵家族および軍人遺家族のための住宅の建設を計画、翌年一月陸軍大臣よりの認可を受ける（「癈兵院附属地使用願ノ件」）。一九二一年二月、再度提出された申請書には、一九二〇年九月に計画のうち最初に竣工した一〇戸が、竣工と同時に「癈兵院入院者中生計困難にして項症重き者の居住に充て」られたとあり、いささか要領をえない記述ではあるが、介護を要する癈兵の一部が家族のもとに移されたことを示唆している（「癈兵院附属地貸付方ノ件」）。さらに同年一一月にも、今度は同会本部によって癈兵家族および戦死者遺族のうち生計困難な者のため、住宅二〇戸を建設する借用願が提出され、大臣の認可を得ているが、翌年二月の癈兵院長名による「貸与命令書」では「当院収容癈兵者ノ家族ノ利用ノ為メニ供スル外他ノ用途ニ使用スルコトヲ得ス」とその利用を収容者家族に限定している（「癈兵院附属地使用願ノ件」）。

家族の入院は、法規上許されていなかったものの、いわば愛国婦人会という民間団体と付属地を利用する

ことによって、事実上容認されていたのであった。

内務省への移管

一九二三年、廃兵院に一つの転機が訪れる。内務省への移管と恩給法の成立である。

前者は、陸軍大臣山梨半造の下で行われた第一次軍備整理、いわゆる山梨軍縮の過程で実現した。廃兵院の移管が陸軍省内でいつ頃から検討されたかは現在のところあきらかにしえない。前年の九月一五日、政府は大蔵次官名で行政整理案を提示、馬政局の農商務省・航空局の逓信省への移管、陸軍省人事局、陸軍幼年学校、同経理学校、同軍医学校、同獣医学校および憲兵の廃止等について陸軍省の意見を求めたが、これに対する陸軍省の回答は馬政局と航空局の移管にのみ同意した以外、すべてに不同意、新たに廃兵院の内務省移管を提起するという内容のものであった。ただし院の移管そのものは、すでに八月一日の閣議で承認をみていた（「行政整理案ニ関スル件」）。

山梨軍縮は、国民の師団削減要求に対し、当の師団や歩兵・騎兵聯隊を削減せず、代わりに各聯隊の中隊を欠員にして大幅な人員整理を行うことで応じるという、いわば策を弄したものだった。大戦後の軍近代化という課題に対してははなはだ不十分であったということもあって、こうした山梨軍縮に批判的であり、のちに陸軍大臣として自ら軍縮を担当する宇垣一成は、「陸軍々縮の棚卸し……廃兵院を内務に移管して僚友を保護すべき友情を損じ」とその日記に認めている。陸軍省は、さきの回答のなかで廃兵院の移管ついて、その事業が「純然タル国家事業ニシテ、軍事救護法ニ依ル傷病兵及其ノ家族若ハ遺族ノ保護救恤ヲ内務省ニ於テ取扱ヒアル以上、一般救護事業ニ属スル癈兵院ノ業務モ亦、当然内務大臣ノ管理ニ移スヲ適当ト認ム」ともっともらしい理由を述べているが、要するに聯隊以上の常備団隊や軍関係学校など極力現状を維持するため、かつての「僚友」を切り捨てたのであった。かくて癈兵院は、一九二三年の四月一日をもって内務大臣の管理の下に営まれることとなった。

移管にともなう癈兵院法の改正は、従来、犯罪および審判に関して収容者を免役時の官等に応じて陸軍軍人とみなしていたのを改め、院外の癈兵と同様、これを民間人として扱い、刑法その他によるとした点、および従来の陸軍懲罰令を院長の「懲戒」に改めた点である。懲戒の内容は、①譴責、②三十日以内の謹慎、③一月以上一年以下手当月額三分の一以下の減額であった。いわば内務省への移管は、軍隊内階級で律せられた収容者と職員の関係を改める点で意味があったとはいえ、院内秩序を守るに「懲戒」をもってしたように、その本質において何ら変わるところはなかったのである。かつ収容者の官等による処遇の格差も、のちの大窪傷兵院の居室のありかたに端的なように、移管後も存続していくのであった。

一方恩給法の成立は、間接的な出来事ながら、むしろ内務省への移管以上にのちの癈兵院の歴史に大きな影響を与えることとなった。

表4－3は、癈兵院法が成立した一九〇六年と、軍人恩給法など従来の各種恩給法を統一した恩給法が成立した一九二三年の一二月三一日現在における陸海軍卒の増加恩給、免除恩給についてそれぞれ受給総人員

表4－3　陸海軍卒の恩給額

	1906年				1923年			
恩給区分	人員	金　額	平均額	最低額	人員	金　額	平均額	最低額
	人	円	円　銭	円　銭	人	円	円　銭	円　銭
増加恩給	14, 143	396, 534	28. 03	12. 00	14, 819	8, 041, 042	542. 61	240. 00
免除恩給	45, 344	2, 311, 572	50. 97	40. 00	54, 570	9, 566, 898	175. 31	150. 00

註・金額は年額、厘は切り捨て
・恩給法では免除恩給は普通恩給
・1906年の増加恩給・免除恩給の最低額は海軍が海軍五等卒乙号第六項と海軍五等卒11年による。なお陸軍の増加恩給・免除恩給の最低額は各々二等卒乙号第六項の14円と陸軍二等卒の45円で、陸軍二等卒は海軍四等卒に相当する
・1923年の増加恩給の最低額は兵卒乙号六項、普通恩給の最低額は陸軍二等卒、海軍四等卒11年による
典拠：各年『日本帝国統計年鑑』、総理府恩給局編『恩給法百年』ほか

および金額と平均額および最低額（年額）をしめしたものである。この間、軍人恩給法は三度の増額改訂をみている。すなわち一九一七年の軍人恩給法の改正では免除恩給が引き上げられ、その最低額は四八円に達した（既受給者には一九年四月までに増額改訂）。また第一次大戦中の物価騰貴にともなって、二〇年七月の「恩給扶助料等ノ増額ニ関スル法律」では、下士卒の免除・増加恩給が各々一〇割増額され、さらに二二年三月の「増加恩給等ノ増額ニ関スル法律」では増加恩給受給者に対して「当分ノ内」従来の支給額のほか、症状に応じた規定額（乙号第六項で年額四〇円）が加算された。以上の結果、免除恩給の最低額は九六円に、増加恩給のそれは六四円に各々引き上げられた。恩給法の成立は、これにさらなる大幅な増額を実現させたのである。

すなわち増加恩給の最低額は、この恩給法によって一九〇六年のじつに二〇倍に相当する二四〇円に引き上げられたのであった。この結果、平均額も、同年比較で二八円三銭から

五四二円六一銭にまで上昇した。しかもこの増加恩給には今日の年金に相当する免除恩給が併給される。一九二三年の増加恩給の平均額に免除恩給のそれを足した両者の合計額は七一七円七七銭で、日額に換算しても一円九七銭に達することになったのである。無論、このことは癈兵院創立時の恩給額がいかに過少であったかを間接的に物語っているとはいえ、この間の二倍に相当する物価の上昇率を考慮に入れても、なお大幅な増額であったといえよう。

しかし恩給法の成立は、一九一七年の軍事救護法の成立とも相俟って、一方で癈兵院の存在意義を問い直させる契機となった。恩給増額による癈兵全体の生活向上と、癈兵院と同じく「生活スルコト能ハサル者」を対象とする義務救助立法の成立は、それがいまだに不十分な点を残しつつも、貧困救済を目的とする癈兵院を、「歴史上の遺物」（升田憲元）たらしめる第一歩にほかならなかったからである。

第五章　「保護」の名の下に

癈兵団の動向

一九二三年（大正一二）の恩給法の成立で特筆すべきは、『社会事業年鑑』（大正一二年）が「癈兵の総ては常に増加恩給額の増額運動を起して止まなかつたが、特に本年［一二年］は各地方に大会やら、示威運動やらで気勢を上げてゐる」と伝えているように、それが癈兵の運動によって実現したことである。

この恩給増額運動では、谷田志摩生を世話人とする全国癈兵団の運動が「最も花々しく行はれた」。全国癈兵団は、一九二二年二月東京大手町に集まり、陸軍省を訪問、恩給増額を訴え、さらに代表者約一八〇名が東京市神田区役所前松本亭に集合、増加恩給の増額を骨子とする「吾人癈兵の主張」および「癈兵全部に対し国有及公有の鉄道軌道並に連絡船の無賃乗車を要請す」「癈兵の生活補助の一端として煙草小売業及切手印紙の特別販売権（行商を含む）を与へられたし」との二項を嘆願書の形式にして陸軍次官に提出した。さらに三月には、「増加恩給等ノ増額ニ関スル法律」案が新聞紙上に掲載されたのを受け、「此際更に示威運動の下に陳情の必要あるを議し」、さらに鉄道省へ無賃乗車の嘆願をなした（同前）。

一方、癈兵ならびに戦死者遺族をもって組織された残桜会は、前年一二月に東京市築地本願寺において大会を開催し、戦病死者の法要後協議会を開き、癈兵の増加恩給増額、戦死者遺族扶助料の増額、癈兵に対する国有鉄道汽車汽船の無賃搭乗の許可、癈兵・戦死者遺族の子弟に対する官公立学校入学のさいの学費免除、癈兵・遺族に対する職業教育と雇用法の創設、癈兵記章の国定教科書への掲載、戦死者遺族記章の制定、以上七項目を内容とする決議案を可決、第四五議会に請願した。さらに同会は、「生活権要求」の目的を貫徹するために、一〇月に東京市芝公園芝中学校講堂において臨時大会を開催し、増加恩給・遺族扶助料の増額等を内容とする宣言および決議を可決、二五名の実行委員を挙げて、首相および陸軍省、大蔵省を訪問している（同前）。

先の谷田志摩生は、東京市本郷区に住む元海軍一等機関兵で、東京残桜会の最高幹部その他有力者の後援を得て同志を糾合、各府県の癈兵より寄付をなさしめ、政府、貴衆両院ならびに各政党本部に陳述のかたわら、全国を遊説して広く同志を募り、世論の喚起に努め、近くは全国癈兵大会を開催して政府当局に肉迫するなど、各種の手段を講じて増加恩給の増額および癈兵の待遇改善運動に奔走中の人物として、軍に報告されている（「癈兵谷田志摩生一派ノ内訌ノ件」）。したがって全国癈兵団と東京残桜会の動きは、連動したものであったことはあきらかであろう。おそらく「全国癈兵団」とは、主に残桜会の名称をもつ各地の癈兵団を糾合したものであったと推測される。このことは、一九二三年三月三一日、会衆一四〇名を集め、新潟市赤十字社支部楼上で開催された新潟県下三市一六郡癈兵連合大会において、新潟残桜会長藤塚直吉が、第四六議会における恩給法の成立をうけ、「之レ諸君ノ結束ト谷田氏ノ献身的奮闘努力ノ賜」と讃えていることからも裏づけられる。つづく谷田の演説は、のちにふれる偽癈兵の取締りなどこの時期の癈兵団の要求を集約したものであった（「新潟残桜会開催ニ関スル件」）。

> 二十八議会以来毎年増額ノ要求ヲナセシカ、今回諸君ノ正義ノ世論達成シ増給セラレ生活ノ安定ヲ得タリ、尚其他精神的代償トシテ軍事救護法ノ廃止、無賃乗車法ノ徹底、専売法ノ一部改正、即チ煙草切手等ノ移動販売権ノ認可、遺族子弟ノ中等学校月謝免除（一時賜金ノ向ハ半減）、癈兵院ノ無料宿泊所トシテノ開放、贋《ママ》癈兵ノ取締等モ早晩何トカ解決セラル可シ

ここで、「精神的代償」として軍事救護法の廃止が求められているのは、癈兵の年来の要求が権利としての恩給増額にあったことを象徴している。いわば軍事救護法の存在は、その恩恵性ゆえに、癈兵の名誉を傷つける忌まわしき存在と映っていたのであった。恩給法の成立は、癈兵のみの力ではなかったとはいえ、権利としての恩給を一般に認識せしめたという意味でも画期的な出来事だったのである。

その一方で、谷田らの行動が常に憲兵隊の監視の下にあったように、軍は癈兵団の動向に神経を尖らせていた。軍はこの時期、大戦後の平和・軍縮世論にさらされたことに加え、シベリア戦争の失敗が重なり、その威信を著しく低下させていただけに、癈兵団のみならず、恩給増額や選挙権獲得等を目的とした在郷軍人団体の活発な政治運動に対して、受け身にならざるをえなかった（拙稿「軍人の政治化」）。しかしのちに軍は、傷痍軍人の赤化防止対策を経て、大日本傷痍軍人会の設立による癈兵団の統制へと乗り出すのである。

人道上の勇者

恩給増額運動が東京を中心として全国へ広がるなか、これと一線を画そうとする癈兵団も存在した。大阪癈兵協会は、一九一七年五月に当時大阪保誉院長であった一等軍医正後藤幾太郎を会長として、第四師管下の大阪・京都府、兵庫・岡山・奈良・滋賀・和歌山県の二府五県の癈兵によって創立された団体である。後藤は、一九〇二年に青森衛戍地病院長として八甲田山遭難者を、日露戦争中に第四師団軍医部長として傷病兵を各々治療した経験から、癈兵の生活救済に関心を抱いていたという。協会のありかたは、この後藤の人となりに大きく影響を受けたもので、その遺徳を讃えた傷痍軍人協会長 吉年宗兵衛「御在任中の業績」の次なる一節にうかがえよう（蔵田蔵編『凡夫の菩薩 後藤幾太郎』）。

本会は苟も国難に殉じ、傷痍疾病のため癈兵となりたりと雖も、尚一個の社会人として生存する以上は、徒らに自己の権利の擁護にのみ没頭するよりも義務を遂行する奉仕的生活の反映が、深き意義ある光明の人生生活なることを想ひ、武人として、又日本国民としてこの光栄ある生活を以て終始し、曾て勇敢に奮闘せる軍人なりしが如く、人道上亦勇者となるを以て、聖恩の万一に奉答する所以なりと、之れを唯一の信条として創立せられたるものにして……

こうした大阪癈兵協会であれば、すでにみた恩給増額運動に対し、距離をおこうとするのもけだし当然であったといえよう。協会は、谷田らの運動が本格化した一九二二年、設立趣旨にもとづき会の態度をあきらかにするため、「我等の目指す方向と辿りつつある道」と題する印刷物を作成し、会員に配布したという。

その内容は、谷田が翌年八月上旬、京阪地方在住の主たる癈兵に対し、運動の経過報告などを配布、来る癈兵大会への出席を勧誘してきたさい、勧誘に応じないことはもちろん、会員の動揺を防ぐべく、「谷田ハ恩給扶助料等ハ吾人ノ権利上当然受クヘキモノトセルモ、大阪協会ハ国家ニ功労アリシ為メ下賜サルルモノニシテ、権利トシテ主張スヘキモノニアラス」といった趣旨の「反駁的」印刷物を作成し、会員ならびに一般に配布しようと企画中であると報告されていることにあきらかである（「大阪協会ノ態度ニ関スル件」）。

さらに後藤の伝記作者は、協会に対する彼の「主旨」を次のように語ってもいる。

傷痍軍人（その当時、癈兵）は、動もすれば、世間から孤児院の児童と同様に扱れて居て、よく世間の人達の嫌悪するところであつた。傷痍軍人に関しては、大阪保誉院の場合と同様に癈兵救済には、後藤老人は少からず関心を有して居た。物質的の救済とともに精神的にも救済して向上せしめんとした。傷痍軍人は、国家の干城が、名誉の負傷の結果、生活を保障せられたのであるが、その保障をうけることを当然の権利と考へて居たものも少くなかつた。

この所謂「当然の権利」を強ひて使用せしめない点に、後藤老人の主旨が在つた。大阪保誉院の設立も、この点に主旨が在つたのであらう。

これでは、印刷物の内容とも相俟って、大阪癈兵協会や保誉院を天皇制のイデオロギー装置と切り捨てる論者がいても不思議でない。実際、協会は、この時期の癈兵団としては稀な「精神の向上を図る機関」として、のちの大日本傷痍軍人会につらなる系譜に位置してもいたのである。

だが、この伝記作者は、後藤が目指した癈兵の精神的救済、協会の信条が説く「深き意義ある光明の人生生活」「人道上亦勇者となる」といった一節に込められた思いを十分理解しえていないように思われる。「御在任中の業績」は、協会が一九二一年一二月に召集された第四五議会に提出した請願の内容を次のように伝えているからである。

鉱山鉄道及工場等にて、負傷のため不具となるもの、年々数万人を算するの現状に鑑み、是等不幸なる一般不具者に対し、適当なる教育機関となり、又職業保護等の施設なきを以て、痛切に其境遇に同情し、之れがために其の生存を全からしめんために、一般不具者の職業教育機関の設立及職業保護法の創定を請願すべきことを決議し、同年十二月帝国議会に提出せり

この記事は、近代日本において、一部の癈兵が「一般不具者」の生活救済に心を砕き、活動した事実があったことを伝えている。それが単なるお題目でなかったことは、翌年四月に協会の総会ともいうべき第六回温古会が開催されたさい、請願がすでに貴衆両議院を通過したにもかかわらずいまだ実行をみないのははなはだ遺憾であるとし、当局者に対してその促進をはかることを満場一致で可決している（前掲『社会事業年鑑』）ことや、同じ年に「一般不具者の福祉増進」のために、会員自ら一万枚の宣伝ポスターを配布し、義肢に関する講演および研究会を開催していることにあきらかであろう（前掲『後藤幾太郎』）。

軍事援護は、援護対象を「国家の功労者」「名誉の負傷者」等々とみなすことで一般救貧制度から自らを峻別し、その特権性を誇示した。人は誰しも自分の生きる時代を超えることができないという、いわば時代

の制約を承知した上でいえば、こうした論理は、恩給増額運動にせよ、あるいは軍事救護法の制定に尽力した武藤山治にせよ、彼らが癈兵・戦死者遺族の権利を主張し、国家の義務としてこれへの生活保障を要求したさい、同様におちいらざるをえなかった陥穽であった。それだけに協会の活動は、時代を超えた営為として記憶されるべきことといえよう。いわば「名誉の負傷者」としての権利を放棄し、「一個の社会人」「日本国民」として生きようとしたことが、協会の癈兵をして、同じ問題で悩める者の存在に気づかせたのである。「人道上亦勇者」たらんとしたまさにそのとき、癈兵は自らを精神的に救済し、その「深き意義ある光明の人生生活」を輝かせたのであった。

「偽癈兵」問題

この時期の癈兵団が、恩給増額とならび、最も大きな関心を寄せていたのが「偽癈兵」の取締り問題であった。それは、一九二一年九月に創立された土佐残桜会の設立趣意書に「不逞ノ徒、県外ヨリ来リテ濫リニ癈兵ノ名ヲ借リ市内ヲ横行シ、良家ノ子女ヲ強迫シテ物品ノ押売ヲ為サントスル者等アリテ誠ニ痛嘆ニ堪ヘサル処ナリ、吾人ハ茲ニ健実ナル癈兵ノ団体ヲ造リ、相共ニ提携戒飾〔飭〕シテ不逞ノ徒ヲ一掃シ、社会ノ信用ヲ回復スル」とあるように、薬や雑貨品の押し売りをなす「偽癈兵」の存在が、癈兵の社会的信用を失墜させているとの認識があったことによる（「癈兵団設立ノ件」）。偽癈兵の取締りに関しては、大阪癈兵協会も同様の姿勢をしめし、後藤以下の連名で二度にわたって議会への請願を行っている（『社会事業年鑑』大正一二年・同一三年)。

偽癈兵の実態については、一九二三年四月、新潟県東・北蒲原郡、岩船郡の癈兵五七名を集め、新発田町で開催された下越癈兵会において、谷田志摩生が「癈兵及癈兵ヲ標榜スル不正行為行商者、目下全国ニ約五百人アリ」と発言している以外、定かでない(「下越癈兵会開催ノ件」)。一九〇七年一月三一日付の『日刊平民新聞』は、東京市神田区で、癈兵もしくはこれと思しき者に、「癈兵一心丹」「癈兵解熱薬」「神通丸」「胃酸」「石鹸」「白粉」といった小間物を売らせている日本癈兵生産会なる団体が存在したことを報じている。このように癈兵の救済を掲げながら、その実彼らを喰いものにする団体は、荒川義英が癈兵救慰会を同名の小説(『近代思想』一九一四年七月号)で、江口渙が日本癈兵救護会を「中尉と癈兵」(『新小説』一九一九年二月号)のなかで、各々登場させていることからもうかがえるように、少なからず存在し、世間の耳目を集めていたようである。したがって「偽癈兵」とは、単独で行商する者というより、癈兵の名を騙る商売あるいは業者を指すものであったといえよう。問題が複雑だったのは、こうした団体に属し、「不正行為」をなす者が偽癈兵に限らなかった点にあった。それゆえに各癈兵団では、偽癈兵の取締りを軍や政府に要求する一方で、土佐残桜会や大阪癈兵協会のように会員の行商行為を禁止したり、全国癈兵団のように生活上の理由から行商をやむをえないものと認めつつ、これに郵便切手・収入印紙および煙草の移動販売権を与えることで生活の安定をはかり、押売り行為を防止しようとする動きがみられたのであった。

陸軍省は、一九二三年三月、第四六議会に提出された癈兵の請願を受け、郵便切手、収入印紙および煙草の小売に関して本人の出願があるときはただちにこれを許可することについて、逓信・大蔵両省に照会したさい、「願意ニ副フ如ク御配慮煩シ度」と添えている。これに対する逓信省の回答は、収入印紙のみの単独売捌に関してはすでに癈兵および軍人遺族に限りこれを許可することに規定している（一九〇九年三月の収入印紙売捌規則）とし、郵便切手については、「通信機関ノ利用、郵便函設置等ニ関連計画ヲ要スル為」印紙同様の特権を与えることはできないとしつつも、「切手売捌人ノ選定上願意ヲ斟酌スヘキ余地モ有之候ニ付、御来旨ノ点ハ夫々地方逓信局長へ通牒方取計置候」と回答している（「増加恩給受給者ノ待遇ニ関スル件」）。大蔵省の回答は不明であるが、一九〇九年四月の煙草売捌規則において、専売局長官が煙草小売人の指定にあたって癈兵、戦死者遺族、その他の順で優先的に取り扱うように定めていた。

しかし実際には、こうした逓信省の回答にもかかわらず、翌一九二三年度における癈兵による売捌人出願は、郵便切手類はもちろん、収入印紙でさえ三分の一程度しか許可されていなかった（表5－1）。とくに否認の理由として、「出願者ノ位置不適当」が多かったことは、癈兵の要求する「移動販売権」なるものが認められる余地が皆無に等しかったことをしめしている。したがって癈兵の売捌人は、一九二四年五月現在で、切手類および印紙では総数六万三九二一人のうちわずか一六三人にすぎず、印紙のみでも総数七八八名のほぼ四分の一にあたる二〇六名にとどまったのである。

「戦時ノミ国家ノ干城ト煽テ上ゲラレ、負傷シテ不具者トナレバ乞食ニ等シキ薬売リヲスル赤子アリ」とは、一九二一年九月に安田善次郎を刺殺した朝日平吾の「死の叫び」の一節である。癈兵の多くが行商に出

表5－1　増加恩給受給者に対する郵便切手・収入印紙売捌人許否状況調

通信省調（1924年5月現在）

	区　分	出願者	許　可	a）否認	b）否認	a＋b	取調中
軍　人	印　紙	34	10	16	7	23	1
	切　手	45	14	30	−	30	1
	小　計	79	24	46	7	53	2
その他	印　紙	4	2	1	1	2	−
	切　手	91	36	35	7	42	13
	小　計	95	38	36	8	44	13
	合　計	170	62	82	15	97	15

註・a）は「出願者ノ位置不適当ノ為否認シタルモノ」を、b）は「前項以外ノ事由ニ依リ否認シタルモノ」を各々指す

典拠：「兵役義務者及対癈兵待遇審議会答申」

なければならなかったのは、このように日露戦争後における政府の授産策が、ほとんど実効をもたなかったことによる。

「保護」の論理

一九一三年頃のものと推測される、ある癈兵の行商人が兵士に語った言葉が、大阪保誉院初代院長井島岩太によって次のように伝えられている（金太仁作『軍事救護法ト武藤山治』）。

> 今日此の頃では、それと丸切り反対で到る処で冷遇せられ、路ばたに遊んで居る子供までが、癈兵の薬売りじゃ、オイチニ、オイチニ、あんな薬はもうきかんぞ、買ふな買ふなと逐ひ廻され、遂には邪魔物扱ひを受け村の端ばしの入口には、癈兵行商人立入るべからすなどの立札が立られ、名誉の負傷者は斯くて公衆の前に生恥をかゝされるやうになり下つたのである

このように「名誉の負傷者」が民衆から忌避される状況は、

軍にとって座視できない問題であった。吉田裕は、軍が一九一三年三月、軍人傷痍記章を制定した理由の一つに偽癈兵の取締りがあったことを指摘している（『日本の軍隊』）。しかし癈兵の行商が現に存在する状況の下で、軍が意を用いたのはむしろ記章佩用者の「心得」の方であった。一六年六月、記章佩用者に配布された『軍人傷痍記章所有者心得』は、その前文に、記章は戦闘に従事して「名誉ノ負傷」をなし、または平時公務のため「不具癈疾」となった軍人を「表彰」するもので、「一般ノ不具癈疾者」と区別し、社会より「相当ノ敬意」を受けさせるため授与されるものであるとして、次のように認めている（「軍人傷痍記章所有者心得配布ノ件」）。

故ニ此記章ヲ所持スル者ハ其ノ名誉ヲ重ンシ、己カ素行ヲ慎ミ、常ニ世人ノ愛敬ヲ得ンコトヲ心掛ケサルヘカラス、苟モ戦傷者タルノ名誉ヲ恃ミ不遜ノ行為ヲ敢テシ、或ハ此記章ヲ濫用シテ商品ノ押売ヲナス等ノ所業アランカ、此記章ハ却テ世人厭忌ノ目標トナルニ至ルヘシ、深ク慎マサルヘカラス

ここで問題となっている「押売」におよばざるをえない癈兵の窮状や、彼らに対する社会の眼差しを放置したままで、記章佩用者に一方的に「心掛」を強いたとしても、彼らが「社会ヨリ相当ノ敬意」を受けるはずもないことは自明であろう。そもそも「名誉ノ負傷」などは、「近来現役軍人中……車中又ハ衆人雑沓ノ場所等ニ於テ、該記章所持者カ身体不具ノ為困難セルヲ目撃スルモ、冷然トシテ相関セサルモノノ如キ態度ヲ為ス者モ有之、斯クテハ戦友相助クル精神ニ悖ルノミナラス、動モスレハ彼等ニ対シ尊敬同情ノ念日ニ薄カラントスル」状況がみられたように、当の軍隊がいかほどにも思っていなかったからである（「軍人傷痍

記章授与ノ精神普及ニ関スル件」)。「傷痍徽章《ママ》を国定教科書に掲げ、癈兵の何物たるかを国民に教ふること」との東京残桜会の要求は、彼らの思い上がりから出たものではないのである(『社会事業年鑑』大正一二年)。

結局のところ、軍にとって「偽癈兵」の取締りは、二義的な問題にすぎなかった。一九一九年一〇月、陸軍省は、次のような通牒を地方長官および憲兵司令官に発している(「癈兵ノ行動ニ関スル件」)。

癈兵ノ待遇及其ノ取締ニ就テハ従来相当配慮相成候事ト存候処、癈兵及之ヲ粧フ者ノ中故ヲ他人ノ憐ヲ乞ハムトスル者多ク、或ハ下劣ナル行動ヲ為シ、甚シキニ至リテハ不正ノ行為ヲ敢テスルモノ尠ナカラス候、是啻ニ世人ノ軽侮憎悪ヲ招クノミナラス、延テ累ヲ軍隊ノ威信ニ及ホスノ虞有之、殊ニ戦争ノ悲惨ヲ直接公衆ニ曝露スルカ如キハ、国民特ニ青年ノ鋭気ヲ萎靡セシムル次第ニ候、固ヨリ其ノ職業ニ干渉スルハ好マシカラサル儀ニ候得共、境遇ニヨリ自然下劣不正ノ所業ニ陥リ易キ者ハ尤モ善導ヲ要スヘク、又其ノ能力ニ応シ適業ヲ選ヒテ相当ノ収益ヲ得セシメ、成ルヘク其ノ癈痼ヲ擁護シテ衆人ノ注視ニ遠サカラシメ候ハハ、至極一般ノ好都合ト相成、保護ノ精神ニモ適可申、此際更ニ癈兵ニ紛ハシキ服装言動ヲ厳禁スルモ亦必要ト存候条、此辺可然配慮相成度候也

軍にとって問題だったのは、「癈兵及之ヲ粧フ者」が民衆に対して憐れみを請い、あるいは下劣な行動をなし、はなはだしきにいたっては不正の行為をあえてすること、そのこと以上に、彼らの身体をさらすことで「戦争ノ悲惨ヲ直接公衆ニ曝露スル」ことにあった。問題とされているのは、あくまで身体のありようそのものであって、それが「癈兵」であるか否か、名誉の負傷によるものであるか否かは、また別の問題なの

である。実際、初期プロレタリア文学や朝日平吾のように、その思想性や方法の如何を問わず、国家社会の現状に不満や怒りを抱き、改革を欲する者が、癈兵を好んで題材としたのは、「戦争ノ悲惨」を肉体に刻まれたその象徴性ゆえであったろう。したがって軍にとって癈兵の「保護」とは、「固ヨリ其ノ職業ニ干渉スルハ好マシカラサル儀ニ候得共」、要は行商をやめさせ、できるだけその「癈痼」を「擁護」して「衆人ノ注視ニ遠サカラシメ」る点にこそあった。偽癈兵の取締りは最後にその必要性が述べられているにすぎない。

かかる「保護」の論理こそは、のちに癈兵院が「残存能力ナキ」重症者の収容施設と化したとき、これを社会から隠蔽していく論理ともなっていくのである。

大阪保誉院

一九三四年(昭和九)という年は、癈兵院と保誉院という東西の癈兵収容施設が、その運命を決せられた年である。官立と私立、東京と大阪といった違いだけでなく、目指すところも異なっていたこの二つの施設は、その終焉のありかたまで対照的であった。

大阪保誉院は、日露戦争中、生島永太郎(嘉蔵)が傷痍軍人等の慰藉事業を主唱、同志とはかって辰巳会を起こし、当時の留守第四師団長・陸軍中将茨木惟昭を会長とし、自ら多額の私財を投じ、傷痍軍人の慰藉に尽力したのを端緒とする。一九一二年一月五日には、その所有する大阪府泉北郡三宝村大字松屋(現堺市緑町)の土地一三〇〇余坪を提供して辰巳会附属大阪保誉院を設立、生計困難な傷痍軍人およびその家族に対する救護を開始した。

初代院長に就任した陸軍輜重兵中佐井島岩太は、第四師団輜重兵第四大隊長であった当時、部隊を率いて演習の帰途、癈兵の売薬行商三人が「死んでも『戦乞食』になつては結局ダメだぞ。言わんこつちやないよ、戦に行つても決して癈兵にならぬやうに甘く工夫するのぢやぞ」と兵士に語りかけている光景を目撃、数日後茨木に面会し、「一生涯癈兵の面倒を見てやつて、彼等の傷つけられた護国の精神を正道に導きたい」と現役を退くことを申し出たという（前掲『軍事救護法ト武藤山治』）。

一九一四年七月に茨木が没し、副会長であった後藤幾太郎が辰巳会会長に就任、「附属事業たる保誉院の事業頗る重要にして、且経営亦頗る困難なるに鑑み」会を解散、全力をもって保誉院を独立事業として経営するにいたる。後藤は、一五年一二月井島の死去にともない院長職をつぎ、一六年一一月大阪府知事大久保利武の後援によって組織を変更、翌年五月内務大臣の許可を受けて保誉院を社団法人とした。一九三二年五月には後藤が死去、陸軍歩兵大佐内藤稠彦が院長に就任、三四年一二月の解散までその職にあった。この間、一九一七年以降大阪府より補助金を、一八年以降内務大臣より奨励金を、さらに二一年以降宮内省より下賜金をそれぞれ受けている（解散時の総計年額六〇〇〇円）。このほか、主たる寄付金者として報效会支部大阪軍人後援会、「福助」足袋の辻本豊三郎、陸軍歩兵大佐小林順一郎、三菱の岩崎小弥太等が挙げられている。

保誉院は、社団組織として、「本院ニ対シ直接又ハ間接ニ力ヲ尽サント志ス処ノ同情者ニ限ル」とされた社員をもって組織されていた。その構成は、解散時においてみれば、軍人二名、傷痍軍人四名、社会事業家二名、実業家二名となっている。院の経営には、こうした社員の醵金のほか、前記の行政官庁の補助金と有志者の臨時寄付金、さらには賛助員の年醵金、その他の雑収入が充てられた。社員によって選任される役員・職員はすべて無給で、旅費雑用等の費用もすべて自弁である。ちなみに解散時の理事長は、ただ一人の職員でもあった院長内藤稠彦の兼任であった。年三円の醵金が義務づけられていた賛助員は、三七名のうち二〇名が、大阪市を中心に洋服仕立業、雑穀商、生魚商、雑貨卸商、豆腐・道具商、漆器商、精米業、魚問屋、洋服商、徽章製造、会社員、牧畜業、材木商、製粉業、小間物商、製菓業といった主に自営業を営む傷痍軍人によって占められていた。そのほかでは、自営業者四名と砲兵少佐未亡人を除く一〇名が軍人で、うち二名が軍医官である。院の経営は、補助金等に負うところが大きかったとはいえ、のちにみる授産のありかたからみても、こうした軍人・傷痍軍人を主体とする社員・賛助員が実質的な経営を担い、かつ支えていたのである。いわば保誉院の事業は、辰巳会の創立者生島永太郎および歴代院長をはじめとする軍人の篤志と、大阪癈兵協会に属する傷痍軍人の相互扶助とによって成り立っていたのであった。

大阪保誉院は、定款第二条に「本院ハ軍人ニシテ公務ニ基因スル傷痍疾病ノ為メ不具トナリタル者及其家族ニシテ生計最困難ナルモノヲ収容シ、自立ノ基礎ヲ作ラシムルヲ目的トス」と定めているように、癈兵のみならず家族までも収容した点と、その自立に目的を置いた点で、癈兵院やその後身である傷兵院と大きく異なっていた。この目的を遂行するための方針として、第一に「本院ハ活キタル奉公犠牲ノ精神ヲ基礎トシテ、勤勉、独立、正直、清潔、質素ノ五主義ヲ鼓吹シ、品性陶冶ト生業ノ扶助ト相俟チテ戦傷軍人及其家族タル国家的栄誉ヲ保全セシム」（大阪保誉院概則第二条）ことが掲げられているのは、大阪癈兵協会の信条に通ずるもので、生業扶助に品性の陶冶をともなってはじめて、癈兵をして自立せしめうるとの後藤の主張を読みとることができよう。

まさしく保誉院の目指す「自立」とは、単なる経済的自立を指すのでなく、品性の陶冶を通じた「一個の社会人」「日本国民」としての自立にあったのである。

授産をめぐり

癈兵の自立の基礎をつくるべく、保誉院が最も力を注いだのが、授産事業であった。

授産については、①在院者の身体の状況および個性に適応するもの、②被保護者の生涯生活資料を得るに助けとなるもの、③一年中継続し従事し得るもの、④僅少なる資本にて着手し得るもの、⑤在院者他日単独にても自営し得るもの、⑥可及的夫婦共稼にて従事し得るもの、を方針として職業選択がなされていたように、退院後の生活を前提に、癈兵とその家族が「自営自給」しうる点が最も配慮されていた。かかる方針にもとづき、「本院理解者の同情と当事者の研究」により、ヘルメット帽製造、卓掛・敷布製造、精米業、轆下製造、養鶏業、日用品販売、青物業、その他雑業および手内職を得て、わずかながらもその目的を達していたという。

授産は、収容者の個性や障害のありかたによって仕事が「各種各様」とならざるをえないだけに、保誉院の資力の乏しさとも相俟って、想像する以上の困難をともないもした。解散直前、院長内藤稠彦は、保誉院の現状紹介のなかで「授産は本院に於ける最も重要なる事業なるも、其困難なることは、局外者の想像も及ばぬ処であります」として、その苦心を率直に語っている（『社団法人大阪保誉院記念帖』）。

健康者ならば、工場に一定の機械を据付け、所要の設備をして之に従事せしむればよいのですが、収容者が各種の不具者なる為め、左様に単簡には参りません。不具者の身体の状況が主となり、仕事が定まるので、普通の工場等とは全然反対であります。茲に於て仕事は各種各様となり、種類の選定と設備に非常なる困難を生ずるのみならず、此等各種の材料の準備と製品の処置に、尠なからぬ手数と費用を要するのであります。更に又本院は、資産、製造能力、製品の種類、其他各種の関係上、市井の製造又は販売業者と競争は絶対に出来ません。故に折角立派な製品を作つても、恒久的に製品全部を引取つて呉れる篤志家がいなければ、本院の授産事業は成立ちません。夫れも或一二特定の製品なれば兎も角、不具者各自により製品は各種各様であり、斯様なる多数の篤志家を求むることは、とても容易な事ではありません。夫れで創立以来各種の授産事業を、苦心経営したのでありますが、中々永続せず、曩に陶工部を経営し製品としては、三宝焼として非常に優秀なる陶器を製作せるも、乍遺憾経営困難に陥り遂に廃止したのであります

こうした苦心は、収容者とともに試行錯誤しなければいい得ない類のもので、「例へば一足を切断してゐるものでも彼の手の機能は普通人と些かも変わらない……近代の大産業の如く生産がマスプロ的になり、作

業の分化が高度化してゐる場合には……あらゆる障礙の傷痍軍人が殆ど全部就業出来る」といった総力戦下の傷痍軍人の勤労補導書と重ねて読むとき、院が試みた授産の性格をうきぼりにしていよう。いわば総力戦下の勤労補導とは、傷痍軍人の人格を捨象した機能的な「残存能力」にのみに着目し、これを工場の各工程にいかに合理的に組み込むかを課題としたものだったのであり、ここで語られている授産とはその質において全く異なるものだったのである。

院の授産事業は、こうした困難をともないもしたとはいえ、創立以来の収容者一八家族・九九名のうち、すでに一〇家族・五一名が「退院自活」している点からみて、遅々とした歩みながらも着実に成果を挙げていたのであった。

内藤は、さきの紹介のなかで、傷兵院に対する保誉院の特色を家庭的な組織のありかたに求め、「傷痍軍人の理想的収容所と称するよりも、寧ろ模範的傷痍軍人村を建設せんとする処の計画であるのです」と誇らしげに語っている。その姿は、本尊阿弥陀如来像を安置した祭壇と講堂静壽館を中央に配し、その周囲に花園をめぐらし、さらにこれを住居・工場・菜園等が囲むというもので、祭壇を教会にみたてれば、規模において小なりといえども、一九世紀後半に欧米で営まれた労働者のための工場村や田園都市を彷彿させるものがある（図3）。

しかし保誉院は、「模範的傷疾軍人村」たらんとするその志半ばで、一九三四年九月二一日室戸台風に遭遇する。院はこの台風で建物一四棟すべてを流失、収容者三名を失い、解散のやむなきにいたったのであっ

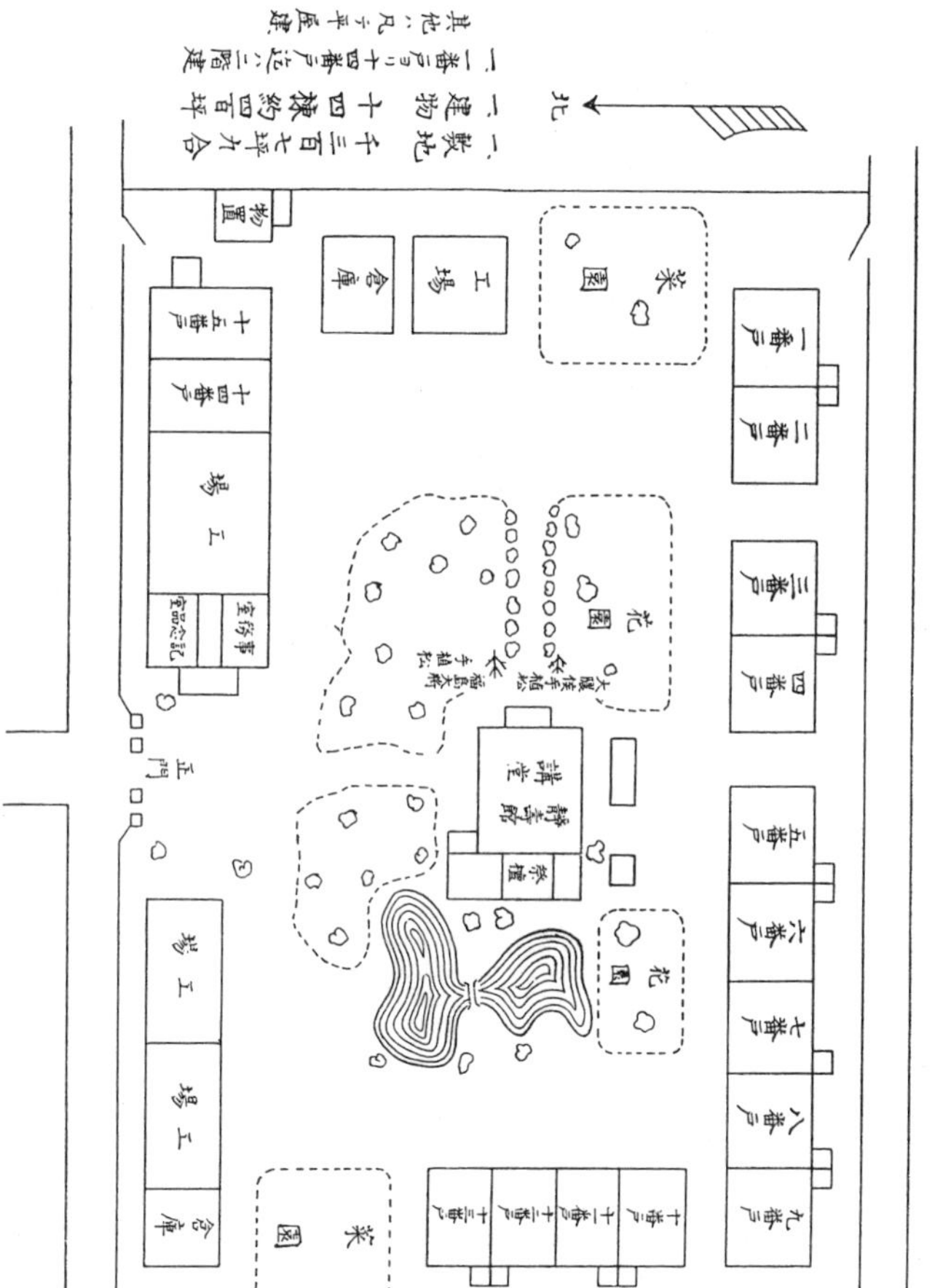

図3　院内建物配置概見図

た。一二月一一日の法人解散登記後、自宅が同様の災厄に遭った内藤の仮寓に収容者一同が集められ、解散が申し渡されるとともに、各自に今後の生活資金として保誉院動産の七五％が分与された。最後の会食は、「感慨無量、互に別れを惜み、容易に解散」しえなかったという。

傷兵院法の成立

大阪保誉院がはかなくも消えた同じ年の六月、癈兵院法が改正され、傷兵院法が成立する。改正の要点は、第一に入院資格を従来の救護を要する者から、精神または身体に著しき障碍があって「収容保護」の必要ある者へ改めたこと、第二に癈兵院を傷兵院に改めたこと、さらに第三として傷兵院の移転新築にともなう癈兵院基金の改正、である。第一点の入院資格については、具体的には、障碍の程度が恩給法施行令第二四条第一項の特別項から第三項症の症状に相当し、かつ家族、資産その他の状況により、適当な介護を受けることができない者に限るとされた（「傷兵院法施行規則」第一条）。また第二点については、「癈兵」という言葉が傷痍軍人の名誉を表徴するのに適当でないとされたことによる。第三の癈兵院基金の改正とは、移転・新築にかかる経費五〇万円の財源を基金に求めるため、移転後に基金の一部に組み入れられている癈兵院の土地・建物の売却を可能にするための措置にほかならない。ここに癈兵院は、山県意見書以来の貧困救済の趣旨を排し、重症者を「収容保護」する傷兵院へと生まれ変わったのである。

改正は「軍部ノ要望ヲ容レ」たものであった。その要望とは、陸軍省軍務局長山岡重厚によれば、第一に入院しなければ救護の目的を達し得ない孤独の者または常に看護治療を要する者を入院させること、第二に重症者に対する治療設備を完備し、かつその「余生」を楽しませたいこと、第三に入院者の手当を増加恩給と同額もしくはそれに近づかせたいこと、第四に入院者の家族に対する合理的施設の実施、さらに第五として癈兵院の傷兵院への名称変更であった（『帝国議会衆議院議事速記録』61）。したがって軍の要望は、移転新築が第二点にそうものと一応仮定すれば、第三点と第四点を除き、傷兵院法に反映されたことになる。軍がいかなる理由にもとづき、こうした要望を内務省へ提出したのかについては、一九二九年一一月、陸軍大臣の下に設置された兵役義務者及癈兵待遇審議会の第一回総会席上における幹事長・陸軍省軍務局長杉山元の発言、および同審議会答申の内容によってあきらかとなる。

杉山によれば、癈兵院はこの当時、国家より手当として本人に増加恩給の二分の一を、扶助料として親族に普通恩給の二分の一を、さらに院より月額約七円の手当を支給し、なおかつ家族のために愛国婦人会の経営する長屋六九戸を無賃で提供していた。したがって「物資的にも精神的にも相当優遇」されているので、入院希望者が多く、「現に出願して居ります者が十数名ありますが、収容設備等の関係で之を拒絶して居る有様で……目下の処予算上の収容人員は九十名でありますが、現に九十九名を収容して居ります」という状況にあった。大戦中の好景気は、一九二〇年に発生した戦後恐慌によって不況に転じ、年とともに深刻なものとなっていた。しかし恩給生活者にとっては物価騰貴が著しかった大戦中に較べれば、むしろデフレによって暮らしやすい時代でもあったのである。したがって入院志願者の増加の背景には、不況の影響や癈兵の大部分を占める日露戦争従軍者の老齢化といった点も無視しえないとはいえ、扶助料や手当の増加、何よりもその基礎となる恩給額それ自体の増加といった事情があったことは間違いない。恩給停止は、もはや入院志願を思いとどまらせる動機として、創立当初ほどには深刻なものとはなりえなくなっていたのである。

杉山は、こうした現状にある癈兵院の問題として、「癈兵院法、恩給法並に軍事救護法等は、何れも独立して発達しました為相互の関係上面白くない処が多く、多少改正を要する点があるのではあるまいかと考へられる」と、次のような甲乙二つの例を挙げている（「兵役義務者及癈兵審議会答申」）。

甲、癈兵院法と恩給法の関係。

癈兵院に入院する者は、増加恩給の受給を停止せられます代りに、手当として増加恩給の二分の一額を支給せられますが、増加恩給額が僅少でありました往時に於ては、大なる苦情もありませぬでしたが、目下の様に比較的多額の増加恩給を受ける様になりますと、此の二分の一といふ差額が大となり、取上げらるゝ金が多くなりましたので不平を訴ふるものを生じるに至つて居ります。

乙、癈兵院法と軍事救護法の関係。

軍事救護法ではその適用に当つて、増加恩給とか普通恩給とかを本人及其の家族の生計上の収入として計上しますから、癈兵院に入院せざる癈兵は、殆ど軍事救護法を受けることが出来ませぬ。然るに一旦癈兵院に入院致しますと、それと同時に受ける諸手当は、家族の生活費としての収入とは認めない規定である関係上軍事救護法の適用を受けられますので、両者に対する国家の施設が、頗る不公平なりと不平を訴へて居るのであります。

恩給額の支給水準が上昇すれば、返納額に対して収容者の不満の声があがるのは、やむをえない問題であったといえよう。しかも恩給の増額は、収容者と一般廢兵との間に、軍事救護法をめぐって「頗る不公平」な状況を現出させていたのであった。

仮に恩給停止規定を撤廃すれば、軍事救護法との関係のみならず、一般廢兵や戦死者遺族に対する処遇との格差をさらに助長することになる。となれば、問題の解決は、軍事救護法の拡充をはかりつつ、廢兵院の貧困救済の趣旨を改め、重症者の収容施設とする以外になかった。かくすれば、恩給法との関係においても、少なくとも収容者間に存在した不公平感だけは是正することができるからである。なぜなら恩給法と兼ね合いでは、杉山は言及していないものの、院内における待遇が同じでありながら、項症の重い者ほど増加恩給の支給額が高いだけに国庫への返納額もまた高くならざるをえない、というある種の矛盾も存在していたからであった。実は、さきにみた軍部の要望のうち第三点と第四点は、のちの傷痍軍人保護対策審議会の議論をみればあきらかなように、入院者を重症者に限定することで、いわば特例措置としてこれを認めさせようとしたものだったのである。

しかし廢兵院の抜本的改革が要求されたのは、こうした問題以上に、貧困者＝軽症者に対する新たな施策が始動しつつあったことが挙げられる。第一次世界大戦後、一千万余の廢兵に対し、ヨーロッパ諸国が実施し、多大の成果を挙げた廢兵の職業再教育がそれである。

傷痍軍人として

癈兵院の改革は、一九三〇年一二月の審議会答申のうち、答申一八の「癈兵ニ対スル職業教育」に直接反映された。その「第一 施設要領」は、「癈痼ト為リタル者ト雖モ、其ノ残存能力ニ応シ、相当ノ生業ヲ得シムルハ、実ニ真ニ之ヲ幸福ナラシムルノ途ナルニ鑑ミ、癈兵ニ職業教育ヲ行フ施設ヲ創設ス」として、次のような「説明」を付している。

我国ノ癈兵ニ対スル諸施設ハ養老扶助ノ範囲ニ止マリテアルモ、欧米諸国ニ於ケルカ如ク残存能力ヲ有スル者ニ対シテハ職業教育ヲ施シ、又独立シテ産業ニ従事セントスル者ニ対シテハ生業助成ノ途ヲ講シ、官業又ハ民業ニ就カント欲スル者ニ対シテハ之ヲ保障シ、独リ残存能力ナキ者ニ対シテノミ養老施設ヲ完備シテ余生ヲ楽マシムルヲ適当トス

こうした職業再教育は、「第二 細部例示」によれば、「癈兵院ニ独立シテ此ノ種職業教育機関ヲ設クルヲ理想トスルモ、上京シテ職業教育ヲ受ケントスル癈兵ノ数ハ多カラサルヘキヲ以テ啓成社ヲ利用スルヲ有利トスヘシ、啓成社亦之ニ応スル収容力ヲ有《要カ》ス」とあるように、財団法人同潤啓成社が担うべきものとされた。啓成社は、一九二四年六月に震災復興のため内務大臣を会長として組織された同潤会の事業の一部として同年七月発足し、一九二五年九月以降癈兵院内で事業を行っていた。その事業は、主に職業再教育と義肢の研究・製作で、「先づ震災関係の不具者を収容し、之が片付いたら次に戦公傷者及遺族に及ぼし、それから産業及交通機関によりて負傷したる者、更に進んで一般不具者に及ぼし」、その目的を達することになってい

た（『財団法人同潤啓成社事業要覧』）。

癈兵院が癈兵の職業再教育施設となりえなかったのは、啓成社の利便性以上に、「癈兵及戦公傷病死者遺族ノ生業助成」が別の答申でなされていることに象徴されるように、この事業が従来の授産・生業扶助と一線を画す内容をもつものであったからにほかならない。すなわち、癈兵の職業再教育とは、「世界大戦が生み出した新しい社会事業」で、その方法がこれを機会に「発見せられた」ものだったのである。一例を挙げれば、大戦後のヨーロッパの義肢は、当時の日本が「単に手の形、足の形をして」いるにすぎない「装飾義肢」の段階にあったのに比し、「手の代わりをし、足の代わりをする」実用的義肢さらには労働用義肢へと進み、癈兵の重工業への進出を可能にしていたのであった（同前）。来るべき総力戦を思えば、軍がこうした事態に注目しないわけはなかった。この意味では、すでに一九二一年の時点で、大阪癈兵協会が職業教育機関の設置を議会に請願していたことは示唆的である。おそらく軍医官たる後藤は、軍を通じてヨーロッパにおける癈兵の職業再教育に注目し、これに対する一定の知見を得ていたのであろう。さらにいえば、癈兵の「残存能力」が注目されたこの審議会において、同時に「癈兵ナル呼称ヲ傷痍軍人ニ改ム」ことが答申されたのは、単なる偶然ではありえない。いわば大戦後の職業再教育は、「癈兵」に「残存能力」を発見することで、彼らを「再起奉公」の可能性を秘めた「傷痍軍人」たらしめることとなったのである。

とまれ、答申のいう「残存能力ナキ者」に対する養老施設とは、もはや癈兵院以外ありえなかった。まさに傷兵院とは、「余生」を楽しませたいとの山岡重厚の官僚的答弁にもあきらかなように、その移転も含めて、兵役義務者及癈兵待遇審議会の答申を具現化したものにほかならなかったのである。

最後に移転問題についてふれておく。移転の理由は、内務政務次官斎藤隆夫によれば、「現行癈兵院ノ位置ハ、是ガ設置当時ニ較ベマスト著シク四囲ノ事情ニ変化ヲ来シマシテ、傷痍軍人ノ収容施設トシテハ適当ナラザルニ至リ、且又寮舎ハ約二十六年前ノ建築ニ係ル木造ノ建物デゴザイマシテ、既ニ改築ヲ要スル時期ニ達シテ居リマスノミナラズ、其設備内容ニ於キマシテモ、傷痍軍人ノ処遇上遺憾ナル状態ニアリ」と説明されている（『帝国議会　衆議院委員会議録147　昭和篇』）。建物の老朽化はともかく、周囲の環境が癈兵院にとって適当でなくなったというのは、むしろ逆であろう。この点に関しては、病者や貧困者、さらにこれを収容する病院、隔離施設、社会事業施設などが、本来都市空間から忌避される存在であったことを想起する必要がある。たとえば日本の社会事業施設の先駆けとなった養育院の前身は、一八七三年（明治六）一〇月、ロシア皇太子の東京入りをひかえ、急遽市中の「乞食」「浮浪者」等を収容するため創設されたものなのである。それは、「乞食」「浮浪者」等が「文明国の首府」にふさわしくない存在とみなされたことによる。とくに日露戦争後の東京市域では、一九〇九年に欧米との改正条約が発効し、「内地雑居」が開始されたことと相俟って、右のような施設が次々と郡部への移転を余儀なくされた。こうした傾向は、一九一九年の結核予防法、トラホーム予防法および都市計画法、市街地建築物法の相次ぐ成立、さらには震災復興計画の下での都市計画法にもとづく区画整理・道路拡張等によってさらに顕著となる。この意味では、巣鴨町が属した北豊島郡など隣接五郡が市域に編入され、「大東京市」が成立した一九三二年以降も、癈兵院がこの地にあり続けたのは、軍事援護制度と一般救貧制度との関係がそうであるように、むしろ他の社会事業施設に比して優遇されていたとさえいえるのである。しかしその一方で、院内の敷地に建てられた啓成社がその後もこの地に存続するのは、傷痍軍人の「残存能力」の有無をもって「人的資源」たりうるか否かを峻別する総力戦の論理がすでに働いていた結果であった。

移転には、すでにみた「癈痼」を「擁護」して「衆人ノ注視ニ遠サカラシメ」るという、かの「保護」の論理が働いていたのである。いわば癈兵院は、重症者を「収容保護」する傷兵院への生まれ変わりを約束されたとき、社会から隠蔽されるべく運命づけられていたのであった。

傷痍軍人保護施策の始動

傷兵院は一九三六年六月、神奈川県足柄郡大窪村大字風祭字宮脇（現、小田原市風祭）に移転した。大窪傷兵院は、約五〇〇〇坪の敷地に本館一棟、寮舎六棟、伝染病患者のための特別寮舎一棟その他があり、一〇〇人の収容力を有していた。入院者の居室は、准士官・将校および特に重症で介護を必要とする者には八畳・二畳の二間続きが、下士官兵には六畳・三畳の二間続きが各々割り当てられた。本館には事務室のほか、診療所、治療室、病室等が完備され、さらに院内設備として温泉設備、温室、花卉園、果樹園等があった。とくに温泉は、箱根湯本の旅館「清光園」から頒泉を受け、遠距離の引き湯によって二四時間入浴可能であったという（矢野慎一「傷痍軍人療養所の歴史」）。

移転にともない、癈兵院時代の入院者のうち、四四名が「本人及家族ノ関係等ニヨリ移転ヲ困難トスル事情ニヨリ」退院を余儀なくされ、三七名が引き続き在院した。これは、少なくとも表向きには、既入院者について軽症者も含め在院が認められていたことから、すでに矢野前掲論文が指摘するように、彼らとその家族がすでにある程度の生活基盤を有する東京からの移転を拒否した結果とみるべきである。

しかし一方、傷兵院に残った重症者の多くも、移転によって約束された「余生」を楽しむことができなかった。日中戦争開始後の一九三八年一月、新設された厚生省の下に、傷痍軍人保護対策審議会が設置され、再び傷兵院の改革が提起されたからである。とくにそれが急務の課題であったのは、前年九月から一〇月にかけての上海戦で日本軍が多数の死傷者を出したさい、「嘗ての癈兵、あの街頭を徨ふ薬売の癈兵、或は欧洲大戦後に於きましてもベルリンの街頭で非常に沢山な傷兵がデモンストレーシヨンをやりました、あゝいふことが聽て起きはせんか」と、為政者が危惧したからにほかならない。それゆえ国家は、傷痍軍人を「どんく働かせる方法を講じ」る一方で、「傷痍軍人としての面目を維持させるといふやうなことに努力し」なくてはならなかったのである（「軍事援護事業の一班」）。

一月二七日の審議会答申は、以後敗戦までの傷痍軍人保護の基本的枠組みを決定した重要な答申であった。その要である「保護施設ニ関スル事項」は、各般の保護施設実施にあたっては傷痍軍人の家庭生活を顧慮し現住地において保護するとし、医療、職業教育、職業保護その他にわたって該事業の抜本的改革を提起、とくに医療について傷痍軍人の心身恢復をはかる温泉保養所の設置、傷兵院法の改正、結核・肋膜炎患者に対する療養所の設置、精神障害者を治療収容する療養所の特設、「随時随所」医療を可能とする方途を講ずることを掲げた。このうち傷兵院法の改正とは、「特殊ナル重症者及頽齢者ニシテ家庭ニテ医療介護ヲ為ス能ハザル者ノ医療介護ニ当ルト共ニ、家庭ニテ医療介護ヲ為シ得ル重症者ニ付テハ医療介護手当ヲ支給シ、其ノ恢復医療ニ努ムルコト」というものであった。

答申に挙げられている医療施設が、傷兵院以外すべて新規の事業であるのは、日中戦争の拡大にともなう傷痍軍人の増加に対し、傷兵院の収容能力と常に定員を満たしていない現状や過度な設備などが問題になった結果であった。すでに厚生省がこの段階で傷兵院の存在意義に見切りをつけていたことは、審議会で設けられた特別委員会における厚生書記官・傷兵保護課長堀田建男の次なる発言にうかがえよう（『傷痍軍人保護対策審議会議事録』第一輯）。

今度の事変で多数の重症者が出るから［傷兵院を］増置せられるのぢやないかと云ふ御話がありましたが……今後と雖も恐らく現在のやうに先程申しました家族、財産、其の他の状況に依つて傷兵院に入れなければならぬと云ふやうな者は今度の事変でもさう多くないのぢやないか。仮にありましてもあの施設を今後現在の傷兵院と同一目的のものを殖やすと云ふことは如何であらうか、寧ろ殖さない方が宜いぢやないかと云ふやうな気持ちさへ実は持つて居るのでありまして、それよりも寧ろ先程来申上げて居りますやうに、出来るだけ現在地に於て医療も受けられ、又可成近くに於て温泉療養も出来、仕事に就きたい場合には出来るだけ手近な所で再訓練を受けられるやうにすると云ふ方法に依つて考へて行きたい。従つて今後此の答申試案に出て居りますやうな施設の実施を見ますれば、傷兵院の問題は極く特殊な小部分の問題を扱ふことになつて居る

厚生省の構想は、堀田の語るところによれば、傷兵院の入院資格を「三項症と言いますと多少まだ身体の自由が利く人がありますから」二項症以上に限定する一方、「随時随所」医療を目的として比較的簡易の療養所その他を多数設置することにより、これらの入院者に対する恩給の全額支給と家族の入所を認める、というものであった。要するに傷兵院の極特殊化と傷痍軍人保護施設の拡充、平準化とによって、多年の懸案事項を一挙に解決することが目指されていたのである。ちなみに答申が「頽齢者」の入院も謳っているのは、市井の養老院に入るような傷痍軍人を傷兵院に入院させれば、「国民思想の上からも宜い」とみなされたことによる。

かくて、第七三議会で傷痍軍人保護の大幅な新設予算が認められたのを受け、一九三八年四月に傷痍軍人保護を管掌すべく厚生省外局として設置された傷兵保護院とその後身である軍事保護院の下で、同年一二月に「国民病」「軍隊病」でもあった胸部疾患特に結核性患者のための療養所四カ所が開所されたのを皮切りに、次々に各療養所が開設されていった。その数は、職業再教育機関も含め、敗戦の年にあたる一九四五年九月現在で、傷痍軍人（結核）療養所三三（うち二は建設中）、傷痍軍人温泉療養所一〇、傷痍軍人精神療養所二（うち一は建設中）、脊髄戦傷者療養所一、頭部戦傷者療養所一、特殊疾患（ハンセン氏病）療養所一、骨結核療養所一（建設中）、国立結核療養所五、国立職業補導所二、失明軍人寮及同教育所一、傷痍軍

人中等学校教員養成所二、傷痍軍人国民学校訓導養成所五、傷痍軍人国民学校初等科訓練所五、傷兵院一の多きにのぼり、さらにこれに道府県の職業再教育機関や作業義肢作業補助具の製作・配給・修繕および研究を行う財団法人啓成社などが存在した（古河春一編『本庄総裁と軍事保護院』）。すでに各地の癈兵団は一九三七年一〇月、「之を早く全国的に統一したいと云ふ当局の御希望」（前掲『傷痍軍人保護対策審議会議事録』）によって、会員相互の精神修養および親睦を目的とする大日本傷痍軍人会に再編されていた。同会は、戦時体制の下、その「傷痍軍人五訓」にみるように、「身体ノ障碍ヲ克服」し、「再起奉公ノ誠ヲ効ス」ことを傷痍軍人が実行すべき目標に掲げ、かつこれを指導方針として活動していく。

終焉

一方、傷兵院法の改正は異なる形で実現した。前記の脊髄戦傷者療養所とは、事実上傷兵院の後身にほかならなかったからである。

傷痍軍人箱根療養所の「言上書」は、一九四〇年の退院者二六名を「軽症者再起奉公ヲ志、多数退院セリ」と説明している。しかしこの退院は、傷兵院内に同年六月、脊髄損傷患者を収容する傷痍軍人箱根療養所が開所され、書類上は併設という形をとりながら、傷兵院の施設をそのまま移行すべく半ば強制的に退院させられた結果であった。一九四一年一一月の入所者の証言によれば、傷兵院以来の入院者で在院を許された者はわずか四名で、うち一人が八甲田山遭難者、残り三名が日露戦争の傷兵であったという。これ以後、療養所は入院者に対する最低限の機能回復訓練を主たる業務とする一方、特別項症に該当する脊髄損傷患者を一カ所に集めることで、「重症患者の悲惨な姿を、一般国民の目から隠し、戦意高揚の妨げとならないようにするという」「隔離」施設としての役割を担っていく（矢野前掲論文）。

右の八甲田山遭難者は、前章でみた皇后行啓のさいの「癈兵名簿」によれば、一八七九年（明治一二）一〇月生まれで療養所開所時六一歳、一九一三年（大正二）一月に癈兵院に入院、「凍傷ニ依リ両下腿下三分一部並ニ両手拇指ヲ除キ亡失」、甲号第一項症に認定されていた。また恩給法による項症の等差認定は、「大体の基準として第一項症を生活資料獲得能力の全喪失」とみなしていた（上平正治『軍事援護事業概要』）。したがって強制退院者は、第三項症もしくは第二項症以下に該当する者であったと想像される。傷兵院法成立のさい、癈兵院以来の軽症者の在院が許されたにもかかわらず、療養所の開所においてこうした措置がとられたのは、戦時体制の下で「多少まだ身体の自由が利く」といった程度の「残存能力」でさえ問題とされたことによろう。

かつて一厚生官僚は、審議会答申への国民的合意を形成すべく、傷兵院に対して次のような批判を行っていた（吉富滋『軍事援護制度の実際』）。

入院に依つて家族と全く別離し、潤のある家庭生活の破壊せられることの不満は、之を利用せんとする者にとつて依然として残されてゐる。人の最も望むのは自然の生活である。宏壮なる建物や文化施設の完備は、一般人の生活にとつては必ずしも必須の要件ではない。斯様な意味からして現在興りつゝある

> 母子ホーム等を一層簡易化して、安易な家族生活を楽しみ得る様な施設を、単に東京のみならず各地に於いて大いに増設すると謂うやうな事も、考慮さるべき一問題であらう

「宏壮なる建物や文化施設の完備」に対する批判は、戦時体制の下で傷痍軍人保護の合理化・平準化を徹底的に押し進めなければならない厚生官僚であれば当然であったろう。だが、そもそも「国家ノ為ニ尽瘁シ、自ラ進テ犠牲トナレル忠誠ノ国民ヲ救養スルコト元ト国家当然ノ義務」（山県有朋）とし、これを遇するに、「名誉の負傷」を表徴するにふさわしい「宏壮なる建物」をもってしたのは、国家としての矜持ではなかったのか。

まさしく傷兵院は、戦時体制の下で、戦争に奉仕する「人的資源の保護育成」を至上目的とした戦時厚生事業が全面的な展開をみたとき、矜持なき国家の手によって「明治の栄光」を担った「癈兵」とともに葬り去られたのである。

ちなみに、傷兵院官制の廃止は、敗戦の年の一二月一日のことであった。

第六章　国費救護への転換

軍事救護法の成立

一九一七年（大正六）七月二〇日軍事救護法が公布され、翌一八年一月一日より施行された。この法律は、傷病兵またはその家族もしくは遺族、および下士兵卒の家族もしくは遺族のうち、①現役兵の入営、②下士兵卒の応召、傷病もしくは死亡、③傷病兵の死亡のため、「生活スル能ハサル者」（第五条）に対して全額国費をもって救護を行おうとするものであった。

軍事救護法の制定は、一九一四年秋、当時鐘淵紡績専務取締役であった武藤山治が戦死者遺族や癈兵等に対する国家保障を求めて運動を起こしたのを端緒とする。同法の制定過程や運用のありかたについては、拙稿「軍事救護法の成立と陸軍」「軍事救護法の受容をめぐる軍と兵士」に詳細を譲り、ここでは、この間生まれた四つの法案を比較検討することから、軍事救護法の性格を明確にしておく。その法案とは、一九一四年一二月に武藤の委嘱によって美濃部達吉が起草した「癈兵戦死者遺族出征軍人家族救護法」、これを骨子として一五年一二月第三七議会に提出された「癈兵戦死者遺族軍人家族救護法案」、一六年八月陸軍省人事

表6－1　被救護者の範囲

法　案	被　救　護　者
武藤案	①癈兵(増加恩給受給者)④下士兵卒家族(出征軍人家族)⑤戦病死者遺族(扶助料受給者)※軍属その他これに準ずべき者の遺族
衆議院案	①癈兵(増加恩給受給者)④下士兵卒家族(現役兵・出征軍人家族)⑤戦病死者遺族(扶助料受給者)※軍属その他これに準ずべき者の遺族
陸軍省案	①傷痍軍人(増加恩給・賑恤金受給者)②傷痍軍人家族④下士兵卒家族(現役兵・出征軍人家族)⑤戦病死者遺族(扶助料受給者)
軍事救護法	①傷病兵(増加恩給・賑恤金受給者)②傷病兵家族③傷病兵遺族④下士兵卒家族(応召下士卒の家族・現役兵家族)⑤下士兵卒遺族(扶助料受給者)
	家族の範囲：武藤案・衆議院案＝同一戸籍内にある配偶者・直系親族・兄弟姉妹 陸軍省案＝同一戸籍内にある者 軍事救護法＝同一の家にある配偶者・子(養子は家督相続人に限る)・本人より扶養を受くべき者

武藤案＝「癈兵戦死者遺族出征軍人家族救護法」
衆議院案＝「癈兵戦死者遺族軍人家族救護法案」
陸軍省案＝「軍人遺家族救護法案」「同施行令案」

局恩賞課が起草した「軍人遺家族救護法案」「同施行令案」、および一七年六月内務省の起案によって第三九議会に提出された政府原案、すなわち「軍事救護法」である。
　まず被救護者については、ほぼ一貫して範囲の拡大がはかられた(表6－1)。特に重要なのは、衆議院案が④のうち、現役兵家族を被救護者に加えたことである。それは、武藤案が、兵役に服しない者から税金を徴収し、兵士の待遇改善等をはかろうとする矢島八郎(群馬県選出・立憲同志会)らの兵役税を財源としたことによる。兵役税は、「国民皆兵」の虚構を暴露するものであっただけに、軍の容れるところとならなかった。しかし衆議院案が現役兵家族を救護対象に加えたことは、日露戦後軍拡の下で現役兵の確保に迫られていた軍をして、軍事救護法の制定に向かわせることとなる。現役徴集人員の拡大は、高学歴者＝富裕層が制度的特権に守られている以上、貧困下層へと向かわざるをえないからである。実際に施行された軍事救護法の被救護者は、結果として八割余が下士兵卒の家族＝現役兵家族で占められることとなったのである（表６－２）。

表６－２　被救護者の内訳(1924年度)

内　　　訳	戸　数	比　率
傷　病　兵	49	0.44
傷病兵の家族	674	5.99
傷病兵の遺族	177	1.57
下士兵卒の家族	9,241	82.08
下士兵卒の遺族	1,117	9.92
合　　計	11,258	100.00

註・原表の被救護者戸数の合計は11,627戸で内訳の合計と一致しない
典拠：『日本社会事業年鑑』大正15年

救護機関・手続きについては、軍事救護法が下士兵卒家族救助令と同様、出願主義と住所地地方長官主義を各々採用し、救護委員の存在を否定したことが、救護のありかたを決定づけることになる。

武藤・衆議院案では、市（区）町村に救護事務を管掌する軍事救護委員をおき、要救護者を審査して当該市（区）町村長に申告し、市（区）町村長はこれを地方長官に進達してそこで救護の適否および支給額が決定されるという方法をとり、出願主義を完全に否定していた。また陸軍省案は、出願を「本則」としながらも、「救護ヲ公平ナル範囲ニ均霑セシムル為」出願によらない強制救護の途を残した。すなわち同案は、市（区）町村長に対し、軍人遺家族救護委員に当該市（区）町村内に居住する軍人遺家族等の生計状態を調査せしめ、委員会の決議を経て救護の要否に関する意見を付し、地方長官に進達することを義務づけた上で、

この調査にもとづき救護を必要と認めるときは出願がない場合でもとくに救護する権限を地方長官に与えていたのである。さらには、軍が演習・簡閲点呼を通じて遺家族の生活に知悉する機会が多いことを理由に、陸海軍団隊長以上の諸官、聯隊区司令官、憲兵隊長、同分隊長または警察署長に対し、救護の必要ありと認める者があるときはその旨を当該市（区）町村の軍人遺家族救護委員に通報することを義務づけていたのであった。これ対し、軍事救護法施行令は、第一条第一項において、「救護ハ救護ヲ受ケムトスル者ノ出願ニ因リ住所地地方長官ニ於テ其ノ許否ヲ決定ス」と定め、さらに第二項において「住所地地方長官前項ノ規定ニ依リ救護ヲ許可スル場合ニ於テハ其ノ程度及方法ヲ決定ス」と規定することで、これら救護委員の存在を完全に否定し、救護事務を内務省の統制の下においたのであった。かくて救護は、これを受けようとする者の出願→地方長官による許否・程度方法の決定→法執行というプロセスで一元化されることとなった。総じて軍事救護法は、救護の方法に陸軍省案までなかった生業扶助を加えたように、「濫救」防止を旨とする内務省的粉飾をおびたものとなっていた。

最後に被救護者の権利にふれておく。武藤山治は、救護法案を第三五議会に提出すべく、自らの執筆したとされる法案の趣旨説明に「彼等戦死者ハ国家ノ為身命ヲ捧ゲタルモノ、其遺族ハ当然国家ノ救護ヲ要求スルノ権利アルモノナリ」とあるように、国家に対する救護の請求権を認めていた。ただしその権利は、遺族のものとしてしか認められていないように、あくまで国家に対する犠牲の代償として認識されていた。それゆえ武藤は一方で、「吾等ハ日露戦後今日ニ至ル迄国ノ為メ戦死セル者ノ遺族ヤ癈兵ヲ孤児ナド、同様ニ慈善団体ノ救護ニ依ラシメタルヲ甚ダ遺憾ニ思フモノナリ」と、癈兵・遺族を孤児などから峻別したのであった。この論理は、以後の軍事援護をめぐる言説に共通してみられるもので、軍事援護を特別視することで、一般救貧法規を抑制する論理ともなったといえる。

これに対し内務省の立場は、内務大臣後藤新平が、軍事救護法を審議した第三九議会衆議院委員会において、軍人恩給法は「幾分ノ権利」を認めているが、軍事救護法については「国家ノ同情ヲ以テ往クモノデ、権利デハナイ」と答弁しているように、権利を否定し、国家の恩恵性を強調するものであった。このことは、武藤案と衆議院案が、府県知事の決定に不服ある者に対して行政裁判所への出訴＝行政訴訟を認めていたのに対し、軍事救護法が内務大臣に対する審査出願を認めたにすぎないことからも裏づけられる。ただし、「救護を受くる権利こそ明には認めないが之等の者に対する国家の義務救助は亦極めて強い程度のものと解すべきである」との内務官僚の解説にみるように、軍事救護法が義務救助法規であることはあきらかであった（山崎巌『救貧法制要義』）。その指標は、軍事救護法第一六条が「本法ニ依ル救護ハ他ノ法令ノ適用ニ付テハ貧困ノ為ニスル公費ノ救助ニ非サルモノト看做ス」と規定し、被救助者が市制・町村制その他の地方制度が禁治産者、準禁治産者、六年の懲役または禁固以上の刑に処せられた者とともに、公民権停止の要件の一つとする「貧困ノ為ニスル公費ノ救助受ケタル後二年ヲ経サル者」に該当しないことをあきらかにした点にある。いわば軍事救護法は、「貧困」を犯罪と等しくみなす近代日本においてはじめて、労働能力をもつ者の「貧困」を個人の責任から解放したのであった。

まさしく軍事救護法は、近代日本に義務救助主義を確立せしめたのである。それは、以下にみるシベリア戦争にあきらかなように、軍事援護が国費救護に転換したことをも意味していたのであった。

シベリア戦争の下で

シベリア戦争は、一九一八年八月の出兵宣言と第一二師団の動員に始まり、一九二〇年一〇月にシベリアから撤兵するまで、常時三個師団、延べ一〇個師団と一〇万人を超える人員を動員し、約九億円の戦費と三〇〇〇人を超える将兵を失いながら、ソビエト民衆と欧米列強の警戒心以外何もうることのなかった「無名の師」であった。その全期間は、尼港事件の保障占領として行われた北部サハリンの保障占領のため派遣された薩哈嗹州派遣軍が完全撤退する一九二五年五月まで、八年の長きにわたる。帝国陸軍は、この戦争でパルチザン戦をはじめて経験し、かつ無惨な敗北を喫したのである。シベリア戦争は、国家総力戦となった欧州大戦と異なる文脈において、人民戦争という二〇世紀の新たな戦争形態の到来を告げるものとして登場したのであった。

このシベリア戦争は、日清・日露戦争までおもに地域社会の相互扶助に依存してきた軍事援護を国費救護へ転換させる契機となった戦争であった。その最大の要因は、国家が米騒動の発生や戦争目的の不在によって、この戦争を通じて「国民ノ後援」を引き出せなかったことによる。またこれに加え、この時期、日本資本主義の急速な発達をともなう都市への人口集中によって共同体の相互扶助機能が低下していたことも挙げられよう。

しかし国費救護への転換は、第一二師団および第三師団の動員下令にともない、「岐阜、愛知、福岡、大分、三重ノ諸県ノ如キハ全県下動員トナリ、地方庁ニ於テハ課員徹宵救護事務ニ奔走執務セリ、本省ヨリモ官吏ヲ派遣シ、其実状ヲ調査セシメ、救護上遺憾ナキヲ期セリ」との内務省社会局第二部「軍事救護成績」にみるように、初動態勢からすでにみられたものであった(「軍事救護成績印刷物送付ニ関スル件」)。このことは、一九一七年一一月一日、軍事救護法施行前にその運用に関して各府県の意思を統一すべく開催された軍事救護法実施協議会の冒頭、内務大臣後藤新平の訓示が「本法の発布に因り、軍事救護に関し、国費支出の途開けたり」と述べているように、内務省が軍事救護法に対し、戦時立法ともいうべき、かつきわめて制限主義的な下士兵卒家族救助令とあきらかに一線を画して臨んでいたからにほかならない。

こうした内務省の姿勢は、戦争開始直後の一九一八年八月、東京府が郡区市長に対して次のような救護方針を掲げたことに端的にしめされている(「出征応召軍人家族後援救護ニ関スル件報告」)。

一 出兵応召軍人ノ出発又ハ入営ニ付テハ其ノ家族ニ心配ナキ様十分鼓舞慰安ノ途ヲ与フル事

一 出兵応召軍人ノ家族ニシテ救護ノ要スル者ト認メタル場合ハ速カニ軍事救護法ニ依ル救護ノ申請手続ヲ為サシムルノ外、尚ホ足ラサル者ニ対シテハ其ノ関係市町村ニ於テ適当ノ方法ヲ定メ救護ヲ為スヘキ事

一 米価及諸物価暴騰ノ為メ廉価販売等ヲ為ス場合ハ必ラス其ノ恩典ニ浴セシムル事

一　愛国婦人会幹事部、軍人後援会支会、在郷軍人分会、赤十字社委員部、済生会当事者等ハ或ハ家族ノ慰問救護ニ、或ハ農業ノ手助ニ、或ハ施薬救療ノ事ニ尽力助成スヘキ事

ここでは一見してあきらかなように、日露戦争でみられた国費救護と、「隣保相扶」や私設団体の救護との関係が完全に逆転している。もはや「隣保相扶」には、軍事救護法によっても「尚ホ足ラサル者ニ対シテ」、市町村が「適当ノ方法」を講ずるといった程度にしか期待されていない。国家は、シベリア戦争において国費救護を前面に打ち出すこととなったのである。

こうした対応は、東京府にとどまらない。以下、とくに注記したもの以外、防衛庁防衛研究所図書館所蔵「自大正七年至同十一年　西伯利出兵時ニ於ケル憲兵報告」に依拠しながら、シベリア戦争下の軍事救護について検討していく。

愛知・岐阜・三重県では、一九一八年八月二四日の第三師団への動員下令直後、軍事救護法の適用について「管内三県共速ニ恩典ニ浴セシムルヲ趣旨トシ、其調査ヲ迅速確実ニスヘク各郡市長ニ訓令」し、「又従来県ニ於テ詮衡セシヲ改メ、各郡市長ニ於テ主トシテ町村長ノ救護調書ニ依リ速ニ要救護者ヲ詮衡シ、県ニ於テハ統一適用スル方法」をとった。なお愛知県では、知事が八月二七日に第三師団長を訪問、協議した結果、「定額五割増額方其筋ニ詮議ノ手続ヲナス筈ナリ」と報告されている。また岐阜県も、「軍事救護法ノ救護額ヲ拡大セン為、家計困難ナル者ノ数及程度調査方ヲ市郡ニ下達」している。

第一一師管に属する香川・徳島・高知県でも、一九二〇年七月四日の歩兵第一〇旅団への動員下令ととも

に、県当局が「各関係郡市長ニ対シ救護ヲ要スヘキモノ其ノ他ノ状況調査ヲ命シ、郡長ハ之ヲ町村長ニ通達シ、鋭意調査ノ進捗ヲ図リタル結果、早キハ一週間遅キモ二週間ニテ県ニ申請ノ運ニ至」ったのであった。ちなみに後者の場合、被救護者の「過半」は現役中すでに救護を受けた者で、「当時ノ書類等其ノ儘存置シアリタルヲ以テ、調査上多大ノ便宜ヲ得タル状況」にあったという。

こうした状況の下で、留守家族に対して軍事救護法の趣旨を徹底していったのが各地の憲兵隊であった。憲兵隊は、「臨時召集ノ下令アルヤ、各分隊分遣所ニ於テハ常時巡察区及同附近在住ノ応召員ノ居宅ニ憲兵ヲ派遣シ応召上ニ就キ注意ヲ与ヘ、一面生活状況及応召ノ状況ヲ視察セシメ、生計困難ト認ムルモノニ対シテハ軍事救護法ニ拠ル救護ノ手続等ヲ説示シタリ」（東京憲兵隊）、「各聯隊長ト連繋シ、各中隊長ヲシテ応召兵ニ対シ軍事救護法ノ趣旨普及徹底並該当者ハ速ニ申出方達セシメ、一面衛戍地内及其ノ附近町村ニハ憲兵ヲ派シ、町村長ト連絡シ救護法ノ普及徹底ニ努メタリ」（第一一師管）といった報告にみられるように、関係諸団体との連係の上、出征軍人の留守宅を調査して貧困者を発見し、これらに出願手続き等を「説示」「指導」することをとおし、軍事救護法の周知徹底につとめたのであった。いわば憲兵隊は、こうした活動をとおして、事実上内務省が否定した「救護委員」に相当する役割を担ったのである。

憲兵司令官の危惧

しかし、戦争当初における救護の進捗状況は、こうした県や憲兵隊の精力的な活動にもかかわらず、はかばかしいものではなかった。このことは、一九一八年一一月一二日憲兵司令官石光真臣が、陸軍大臣田中義一に対して上申した次の意見書にうかがえよう。

徴兵忌避者ノ数ヲ減少センコトニ就テハ、当局ニ於テモ種々ナル手段ヲ講セラレアルニ係ラス、其効果ノ顕著ナラサルモノアルハ頗ル遺憾トスル所ナルニ、欧州戦乱ノ影響ハ動モスレハ国民思想ノ変遷ヲ来サントシ、其結果ハ延テ益々徴兵忌避者ノ数ヲ増加スルニ至ルナキヤヲ恐ル、故ニ将来其予防ニ就テハ全力ヲ傾注シ、苟クモ忌避ノ原因トナルヘキ諸障碍ヲ排除スルヲ要ス、而シテ出征軍人ノ家族中生活困難ナルモノヲ救護シ、出征軍人ヲシテ後顧ノ憂ナカラシムルコトハ実ニ其予防手段ノ一ニ属ス、軍事救護法ノ制定セラレタル所以又実ニ茲ニ存スルヤ明カナリ、然ルニ今回西比利亜出兵ニ関シ出征ノ途ニ就キシ軍人ハ帝国国軍ノ一小部分ニ過キス、而モ出征後既ニ数閲月ヲ経過セル今日ニ於テ尚生活困難者ノ救護セラレスシテ、時漸ク寒冷ニ向ヒ物価日ニ騰貴シテ家族ヲシテ饑寒ニ泣カシムルハ実ニ聖代ノ痛恨事タリ、今ヤ既ニ若干部隊ノ凱旋セントスルアリ、彼等カ郷里ニ帰還シテ出征不在中家族ノ悲惨ナル生計状態ニアルヲ見タル時果シテ其感想如何、当局者ノ大ニ考慮ヲ要スル所ナリトス、然ルニ地方官憲徒ラニ調査ニ籍口シテ救護ノ実施甚タ遅緩セルハ軍事救護法制定ノ主旨ニ反シ徴兵忌避予防ノ策ニアラス、速ニ地方官ヲ戒飾[飭]シテ其実施ヲ敏活ナラシメラレンコト極メテ切要ナリト信ス

石光は、欧州大戦の影響が「国民思想ノ変遷」をうながし、ひいては徴兵忌避者を増加させることをおそれていた。軍事警察の長として、徴兵忌避を取締る立場にあった石光にとって、救護をとおして出征軍人の

後顧の憂いを絶つことは、まさにその「予防手段」にほかならなかったのである。ちなみに徴兵忌避者およびその疑いのある者の数は、陸軍省が作成した「明治四十一年以降　徴兵検査諸統計図表」によれば、徴兵適齢人口の増加にもかかわらず、一九一〇年代を通じてほぼ一貫して減少する傾向にあり、一九一八年には一九一一年の四〇四七人が一四四三人にまで減少していた。しかし翌一九年には、徴兵忌避者の数は、適齢人口が前年比で一万七八八一人減少したにもかかわらず、逆に三四〇人増加し、一七八三人に達したのであった（「徴兵検査諸統計図表」）。石光の危惧は一時的であるにせよ、現実のものとなったのである。

しかも石光の憂慮は、米騒動を想起したとき、一層深まらざるをえなかった。それだけに石光は、戦争開始後三カ月を経てもなお、「地方官憲徒ラニ調査ニ籍口シテ救護ノ実施甚タ遅緩セル」状況を憂慮し、救護事務の進捗を内務省へ督促することを陸軍省に上申したのであった。

この意見書に添付された調査表によれば、軍事救護法の被救護者は、生計困難者数が五一四七戸に達していたにもかかわらず、二三三七戸と全体の半数にも満たず、手続中または調査中の者二八一〇戸（うち、いまだ何らの救護も受けていない者一三一五戸）を下回るという状況にあった。石光が意見書上申した日の翌一三日、陸軍省は、この「添付シアリタル表一切ヲ内務次官ニ手渡」し、その結果「内務省ヨリ各地へ達シ、救護スベキコトヲ命ズル様ニ相成」ったという。これ以後陸軍省では、人事局恩賞課が憲兵司令官より毎月提出される「出征応召軍人家遺族生計困難者救護状況調（表）」をもとに救護の状況を把握し、場合によっては内務省に督促して救護事務の進捗をはかり、あるいは生計困難者にもかかわらず救護を出願していない留守家族については、その理由をあきらかにした上で、可能な限り出願手続きをさせるよう、軍務局歩兵課を通じて憲兵隊に再調査を命じたのであった。

戦争指導の動揺

表6－3は、シベリア戦争中の軍事救護法の施行状況をしめしたものである。石光の意見書が提出された時点で、軍事救護法を手続き中の者二八一〇人が、翌月には六〇六人にまで減少しているのは、陸軍省と内務省の交渉結果によって各府県の救護事務が急速に進捗したことをしめしていよう。シベリア戦争動員兵士の留守家族に対する軍事救護法の適用は、前掲「軍事救護成績」によれば、一九一八年度において応召者総数六万七八九二人に対し、救護戸数六一〇三戸・同人員一万八四三九人、一九年度は応召者総数は不明ながら、救護戸数四〇九五戸・同人員一万一九二九人に達していた（「軍事救護成績印刷物送付ニ関スル件」）。両者の数字は同じ年度の全被救護者戸数の各々四九・五％と三四・九％に相当するものであった。もっとも、その比重は、一九一八年から日本軍がシベリアから撤退する一九二二年まで、被救護者の全体戸数が一万二〇〇〇戸前後を推移していることを思えば、出兵当初をのぞいてさほど大きなものではない。このことは、兵士の「過激思想」への「感染」をおそれた軍の配慮によって、一九一八年末から、一家の主労働者たる予・後備役兵の復員が急速にすすんだ結果、生計困難者そのものの絶対数が減少したことによる。シベリア派遣軍は出兵当初、人員総計七万二四〇〇人を数えていたが、一九一九年四月には二万八二〇〇人にまで減

表6－3　シベリア戦争に基因する軍事救護法の施行状況

年　月	a)出征応召者数	b)生計困難者数	c)被救護者数	手続中	その他	b／a	c／a	c／b
	人	戸	戸	戸	戸	%	%	%
1918. 11	－	5,147	2,337	2,810	－	－	－	45.41
12	51,225	9,783	4,813	606	4,364	19.10	9.40	49.20
1919. 1	45,281	5,527	4,414	345	771	12.21	9.75	79.86
2	28,921	4,173	3,877	66	230	14.43	13.41	92.91
3	14,552	1,894	1,759	18	117	13.00	12.09	92.97
4	15,714	1,752	1,512	37	205	11.15	9.62	86.30
5	11,565	1,394	1,309	32	51	12.05	11.32	93.90
6	5,388	819	767	0	52	－	－	93.65
7	－	123	59	15	49	－	－	47.97
8	3,557	123	57	52	14	3.46	1.60	46.34
9	－	160	68	73	19	－	－	42.50
10	－	187	119	40	28	－	－	63.64
11	－	552	451	70	31	－	－	81.70
12	－	370	273	52	45	－	－	73.78
1920. 1	－	488	324	76	88	－	－	66.39
2	－	568	336	125	107	－	－	59.15
3	－	681	438	124	119	－	－	64.32
4	－	621	395	48	178	－	－	63.61
5	－	411	389	14	8	－	－	94.65
6	－	429	410	16	3	－	－	95.57
7	－	447	434	10	3	－	－	97.09
8	－	540	376	90	74	－	－	69.63
9	－	464	324	59	81	－	－	69.83
10	－	463	366	25	72	－	－	79.05
11	－	457	337	44	76	－	－	73.74
12	－	436	312	42	82	－	－	71.55
1921. 1	－	465	363	16	86	－	－	78.06
2	－	475	366	24	85	－	－	77.05
3	－	482	376	22	84	－	－	78.01
4	－	498	408	8	82	－	－	81.93
5	?	?	?	?	?	?	?	?
6	?	?	?	?	?	?	?	?
7	－	231	202	4	25	－	－	87.45
8	－	218	183	29	24	－	－	83.94
9	－	228	200	5	23	－	－	87.72
10	－	234	208	3	23	－	－	88.89
11	－	232	212	0	20	－	－	91.38
12	－	232	212	1	19	－	－	91.38
1922. 1	－	274	207	49	18	－	－	75.55
2	－	259	224	14	21	－	－	86.49
3	－	254	228	20	6	－	－	89.76

註・1918年11月は12日、同12月は15日、他は末日現在の数字
・出征応召者総数には生活困難者なき郡市の出征応召者数を含まない
・1919年2月から7月まで、その他の欄には「軍事救護ヲ受クルコトヲ欲セサル者、内縁其ノ他ノ関係ニ依リ軍事救護ノ恩典ニ浴スル能ハサルモノ及軍事救護ノ資格ナキ為其ノ手続ヲ為サザルモ救護団体等ニ於テ救護中ノモノ等」を計上。他は不詳
典拠：防衛庁防衛研究所図書館所蔵『西受大日記』『西伯利出兵時ニ於ケル憲兵報告』

少したのであった（原暉之『シベリア出兵』）。

とはいえ、その後もシベリア派遣軍は、九月以降約三万四七〇〇人、一九二〇年一二月以降約二万四七〇〇人の人員を維持しており、ほかに薩哈嗹州方面に一九二〇年五月以降約三〇〇〇人、八月以降約四六〇〇人が駐兵していた（同前）。その少なからずが軍事救護法の対象とされない非戦闘員＝軍属を含み、なおかつ現役兵主体で構成されていたという点を割引いても、表にみる生計困難者数は過小といわねばならない。

たとえば、戦争開始直後に動員された第三師団の場合、師管内各県における要救護者の概数は、「愛知県一千二百、三重県八百、岐阜県七百内外ニシテ愛知県ハ応召兵ノ約三割ニ上」ると報告されているからである。こうした要救護者の大幅な減少は、次の「第十三師管内ニ於ケル救護事務ノ遅延ノ原因」にみるように、戦争指導のありかたが密接にかかわっていたのであった。

第十三師管内ニ於ケル救護事務ノ遅延ノ原因ニ付調査スルニ、其主ナル原因ハ歩兵第十五旅団ニ属スル者以外ハ、大正八年十一月応召後出兵問題長ク未解決ニシテ、漸ク二月七日出征ヲ完了シタル状況ニアリ、加フルニ新潟県ニアリテハ当時救護ノ予算ナク、増額申請ヲ為シタルモ認可捗々シカラス、為メニ郡市町村ハ一時殆ント調査ヲ中止スル状況ナリシカ、年度末ニ於テ若干ノ増額ヲ見、更ニ詮議ニ着手シタル状況ニテ、自然救護遅延セシモノニシテ、尚町村当時者及出征者家族等ハ西伯利撤兵問題喧伝セラレ、早晩召集解除トナルヘキヲ予想シ、救護ヲ受クルヲ見合ハスル者ヲ生シ、町村当局モ自然熱心ヲ欠クニ至リシモ其一因ヲ為シタルモノト思料サル戦争指導は、チェコ軍捕虜の救出という出兵の名分が失われつつあったにもかかわらず、大軍をシベリアに駐留しつづける日本に対して内外の批判が高まるなか、撤兵か現状維持か、さらには増兵かで動揺し、結果として一旦召集した兵士さえ長らく内地に放置せしめることともなった。かかる状況は、召集解除を予想して出願を見合わす兵士を生ぜしめたのみならず、救護事務全体の弛緩をもたらしたのである。加えて、こうした事態に拍車をかけたのが、予算のありかたであった。各府県の救護費は、三カ月分の概算を見込んだ上、各々その初めの月の前月（三月、六月、九月、一二月）の一〇日までに内務省に請求しなくてはならず、動員等に対応する上でともすれば弾力的な運用を欠きがちであった（埼玉県行政文書大八八〇）。しかも一九一九・二〇年度の当初予算は、シベリア戦争に対する戦争指導者の認識の所作として、すでにみたように一八年度の七六万九九一九円から六四万四一八四円に縮小させられていたのである（二〇年七月追加予算三二万二〇九二円成立）。予算の削減は、救護費運用の硬直性とも相俟って、新潟県のように「可及的多数救護ノ恩典ニ浴セシムヘキ方針」を掲げながらも、「既救護者ノ外新ニ救護ヲ為スヘキ予算無キ為メ」、救護費増額を申請しながら認可を先送りされ、生計困難者の調査を一時放棄せざるをえない事態を現出せしめたのであった。

その一方で、県や郡当局の姿勢自体が、いたずらに救護を遅延せしめることとなった事例も存在する。第一四師管に属する群馬県では、「町村長ヨリ郡長ニ宛テ救護手続ニ及フモ、郡長ハ出願者ノ生計状態ヲ調査スル為直ニ吏員ヲ出張セシムルニアラス、何カノ時機ヲ利用シテ調査スルヲ常態トス、県ニ於テモ亦然リ、従ツテ本人ノ出願後二、三ヶ月ヲ要スルヲ常トス」という有様で、はなはだしいものでは邑楽郡小泉町出身の一兵士のように、出願後軍事救護法が適用されるまで約半年を要した例さえあったという。ちなみに以上の報告に接した陸軍省では、これらの県に対して「救護開始ヲ迅速ナラシムル如ク内務省ノ通知ヲ為」したのであった。

要するに救護の遅延には、予算や救護費運用のありかた、県・郡から末端の市町村にいたる役場吏員の姿勢、さらには被救護者自身の「出願」拒否といったさまざまな要因が重なっていた。とはいえ、その根本には、戦争指導の動揺が存在したのであった。いわば「無名の師」は、救護事務全体を弛緩させることで、末端で留守家族と直接接する市町村や憲兵隊の活動を消極的なものとし、結果として、生計困難者の発見を遅らせ、その窮状を放置させることとなったのである。

軍と留守家族

しかし、それでもなお、日本の軍事援護がシベリア戦争を画期として、「隣保相扶」から国費救護へ転換したことは動かし難い。また救護を積極的に推進したのがほかならぬ陸軍省であったことは、軍事救護法の制定経緯やこの戦争で軍のおかれた状況をみれば、しごく当然のことであったといえる。

とりわけ、戦争開始直後に全国に波及した米騒動は、社会行政の成立を促したように、国家にはかりしれない衝撃を与えた。とくに田中義一ら軍の当局者は、ロシア第一革命＝軍隊の皇帝への叛乱に衝撃を受けていただけに、在郷軍人が米騒動に多数参加したことに危惧を抱かざるをえなかった。それゆえに軍は、この革命干渉戦争の全過程を通じ、兵士の「過激思想」への「感染」防止に絶えず心を砕かねばならなかったのである。しかも兵士は奴隷的軍紀で律しうる日清・日露戦争期の兵士ではなかった。初等教育の普及による個人的観念の多様化は、大正デモクラシーの高揚とも相俟って、天皇の軍隊が内包するさまざまな矛盾に兵士の眼を向けさせる結果となったからである。とくに盲目的服従を強いる将校への不満は、「歩兵隊式」と称する兵士の結党による対上官犯罪となって顕在化したのであった。前線部隊は、「戦場ナラ彼［将校］等ハ命幾何アッテモ足ラン、弾丸ハ向フヘハカリ飛ハンカラ」（「帰還兵ノ思想及言動ニ関スル件」）と公言してはばからない兵士によって軍紀崩壊の危機にさらされた。留守家族救護は思想対策の上からも軍にとって必須の課題となったのである。

また政府も軍も、米騒動によって国家の統合機能が急速に低下するなかにあって、このシベリア戦争で、兵士や国民が納得するに足る戦争目的をついぞ提示しえなかった。それだけに軍は、「今度ノ出征ニ就テ軍隊ハ未タ共同一致カ出来ナイ、又服従カ出来兼ネルト云フコトヲ感シマシタ、兵卒ハ上官ノ命テアリ、又ソレカ国法ノ命スル所テアルカラ、命ノ儘ニ働クト云フノミテ、国家ノタメニ上官ノ前テ身命ヲ抛タウトイフ者ハ殆ントナイ様ニ思ヒマス」との一帰還兵の言動に端的なように、この戦争で兵士の自発的服従を引き出すことができなかった。兵士は自らを「義務兵」と称し、「位カ昇リタイ、金鵄勲章ハ貰ヒタイト思フ将校カ多イ様ニ思ヒマス」と観察したように、戦争を「商売人」＝将校のいわば私戦とみなしていたのであった

（同前）。しかも、米騒動における軍の治安出動は、政府のみならず、軍隊から国民の心を一気に離反せしめる結果となった。国民は、民衆に銃口を向けた軍への反感をつのらせ、出征兵士の歓送さえ拒否したのである。軍は「無名の師」によって兵士の「真ノ服従」を引き出せなかったばかりか、日清・日露戦争のさいみられたような「国民ノ後援」をうることができなかったのである。

要するにシベリア戦争においては、もはや軍は、留守家族の窮状を放置しえない状況におかれていたのであった。加えて、シベリア戦争のほぼ全過程を通じ、田中義一が参謀次長、陸軍大臣として終始軍の中枢にあったことは、田中軍政の下で、報效会の設立をはじめとする軍の一連の社会的政策が試みられたことからも理解できるように、軍の留守家族への対応をよりいっそう能動的なものとしたのであった。田中こそは、日露戦後、ロシア軍の敗北から将来戦へ向けての教訓をいち早く引き出し、軍隊と国民の結節点として帝国在郷軍人会の設立に尽力したように、「国民ノ後援」なくして軍隊が成立しえないことを最もよく知る人物であったからである。この田中が軍事救護法に意を用いていたことは、一九二四年三月予備士官学校において、彼が在郷軍人会会老として語った左の一節からも知ることができる（「団隊長会同席上田中会老口演要旨」）。

連隊長諸君は、隊の若い将校に聴いて御覧なさい、軍事救護法とはどういふものか、報效会と云ふものは何をして居るかを、恐らく知らないであらう、それを私は甚だ遺憾に思ふ

軍は、かかる田中の指導の下で、末端では憲兵隊が貧困留守家族を調査発見し、軍事救護法を出願すべく

指導を行う一方、市町村にその存在を通知し、上は陸軍省がともすれば遅れがちな救護事務の進捗を内務省に督促することをとおし、事実上、内務省の統制の下に一元化された救護のプロセスに介入したのである。その結果は、一定の成果をおさめたのであった。

「天子様ノ御蔭」

では、出征兵士や留守家族は、軍事救護法をいかに受けとめたのであろうか。この点については、陸軍省に提出された憲兵報告のなかに、弘前憲兵隊管内で一九一八年一二月二四日までに召集解除となった帰還軍人の感想が記載されている。そこでは、出征者が一般に軍事救護法によって救護されたため、「家族ハ財政貧弱ナル救護団体ノ救護ヲ受クルノ要ナクシテ、日露戦役当時ノ如キ悲惨ナル生活ヲ為ス者ナク、為メニ応召者ハ後顧ノ憂ナク奉公ノ大義ヲ尽スコトヲ得タルヲ喜ヒタル状況」にあるが、なかには「軍事救護ヲ受クルヲ不名誉ト心得ヘ、家族ヨリ被救護ノ相談ヲ受ケ、絶対ニ救護ヲ受クヘカラスト返信シタルモノアリ」との総括の下に、兵士一〇人の言動が八項目にわたって報告されている。このうち幾つかを紹介してみよう。

①岩手県胆沢郡水沢町出征ノ一兵卒ハ未タ帰還セサルモ、「家族ハ町民ノ助力ニヨリ軍事救護ノ恩典ニ浴シアリト聞キ喜悦ニ不堪」トノ手紙ヲ送リ来レリ、之皆、天子様ノ御蔭ナリトテ家族ハ感泣シアリタリ

②応召ノ為家族ノ生計ヲ案シ居リタルニ軍事救護ヲ受ケ居ル通知ニ接シ安心セリト云フモノ、家計困難

ノタメ応召後ハ負債ヲ増スノミト案シ居リタルニ、軍事救護ヲ受ケ居ル旨ノ通知ニ接シ、国家ノ軍人ニ対スル恩典難有シトテ感泣スルモノアリタリ

一

③家族カ救護ヲ受ケ居ル通知ニ接シタルモ、恥カシキ為可成人ニ知レサル如ク秘シアリタリト云フモノ、一

④軍事救護ヲ不名誉ノ如ク考ヘ、家族ヨリ相談ノ手紙ヲ受ケ、不名誉ナレハ絶対ニ受クヘカラスト返答シタル者アリ

⑤早ク召集解除トナリ軍事救護ヲ受クルニ至ラサリシハ幸ヒナリト云フモノ、一

⑥生計困難者ニシテ救護ヲ受クルニ至ラサリシ者ノ中ニハ、出征ハ短日月ノタメ家族ハ漸ク糊口ヲ凌キタルモ、戦争永続スルトキハ遂ニ家族ハ餓死スルニ至ラン、斯ノ如キ状態ヲ見テ村当局者及在郷軍人分会等カ、何等救護ニ関シ郡長ノ注意アルニモ拘ラス、其手続ヲ為サ、リシトテ不平ヲ洩スモノ

出征兵士のなかには、③④の事例のように、救護を「恥カシキ」ものみなし、その事実を隠そうとしたり、これを「不名誉」と受けとめ、拒否する者が存在した。実際、こうした事例は枚挙にいとまがない。まさしく兵士は、貧困を恥辱とみなす社会意識の下におかれたがゆえに、「自己ノ立場ト隣佑ニ対スル面目」を慮り、出願を拒否しなくてはならなかったのである。他者の救済を受け入れることは、ムラにおける自己の場を喪失することを意味しただけに、忌避されなくてはならなかった。いわば兵士たる民衆は、農村解体の危機が、農民としての自己認識や階級意識の覚醒を急速にうながしつつあったとはいえ、いまだ共同体の秩序

に自らを律しなくてはならない存在であったのである。

しかし兵士の大半は、それでもなお、家族の窮状を何よりもかえ難い苦痛として、救護を受け入れたといえよう。またそれゆえに、軍事救護法の存在は、かかる兵士とその家族に「天子様ノ御蔭」「国家ノ軍人ニ対スル恩典」と受けとめられ、彼らをして「感泣」せしめることともなった。むしろ問題の深刻さは、被救護者が、貧困を恥辱とする社会の眼差しの下におかれることで孤立を余儀なくされただけに、「天子様ノ御蔭」と認識し、これにすがるしか自己の救済をはかる術をもたなかったことにある。もとより、こうした社会意識は、日本の近代が生み出したものであり、恤救規則を中核とする内務省の救貧行政の下で、おりにふれて再生産されてきたものだった。しかし、被救護者もまた同様に歴史的存在であることを思えば、軍事救護法の限界としてしばしば指摘される「慈恵的性格」は、それ自体を取り上げて福祉理念の普遍的価値性かららいくらこれを指弾してみても意味がないと考える。彼らは、貧困者の「権利」など知るはずもなかったからである。そして近代が「犯罪」とみなした貧困者を救済しうる者は、絶対者としての天皇のみであったからにほかならない。天皇制の民衆的基盤は、ここにこそ存在したのであった。近代日本の闇は、天皇が、フリードリヒ二世のごとき「貧者の王」たることを求められたところにあったのである。

しかし、こうした一方で、⑥の事例にみるように救護を当然のごとく認識し、その手続きを怠った村当局や在郷軍人分会に対して不平不満を洩らす兵士もわずかながら存在した。無論、このことをもってただちに救護の「権利」視というにはあたらない。兵士の不満の矛先は、国家にではなく、いわば義務を履行しなかった村当局＝郷党に向けられているのであり、こうした事例はすでに日清・日露戦争においても存在するからである（大江志乃夫『兵士たちの日露戦争』）。とはいえ、こうした不満が「郡長ノ注意アルニモ拘ラス」といった言動からもうかがえるように、救護をめぐる国家の方針転換が契機となって表面化したことは、注目に値しよう。

この時期、「自助」論のもつ道徳的求心力も、また急速に力を失いつつあった。全国規模の民衆騒擾に発展した米騒動は、米食の普及、すなわち「下層社会」の文化的生活水準の上昇なくしては決して起こり得なかったからである。この意味で、一九二〇年代の慢性的不況は、救護法を準備しただけでなく、「戦争の時代」の呼び水ともなったのであった。

かくして日本の近代国家は、一九三一年の満州事変以降、戦争によってナショナル・ミニマムを保障しようとする、冒険的な軍事国家としての体質を強く帯びることとなる。当該期の強烈な排外熱・戦争熱を思えば、少なくとも満州事変が国民的合意の下に遂行されたことはあきらかであろう。そして義務救助法規たる軍事救護法は、かつて井上友一が危惧したように、日中戦争以後、民衆の「権利」意識を噴出せしめることとなるのである。

第七章　救護の構造

軍拡の下で

一九一八年（大正七）二月二〇日、徴兵令改訂問題を審議する第四〇議会衆議院特別委員会において、説明員として答弁に立った軍務局歩兵課員堀吉彦は、生活困難者に対する徴兵の現状を問う委員の質問に対して軍事救護法を俎上にあげ、「本救護ノ普及ニ伴ヒマシテ、徴兵令ノ第二十二条ニ該当スルヤウナ者ノ、漸次減少スルニ至ルデアラウト云フ事ヲ期待シテ居ル次第デアリマス」と発言している（『帝国議会衆議院委員会議録』16）。

この徴兵令改訂は、①中等学校以上の在校生に対する徴集猶予を廃止し、入営延期にあらためたこと、②師範学校卒業生に対する六週間現役制を一年現役兵制へ延長したこと、③外国駐留者に対する徴集延期の適用条件の厳格化など、「以て兵役義務均等の主義に一歩を進めた」ものとして、後年軍部官僚によって評価される（中井良太郎『兵役法詳解』）。とくに、①と③によって富者の徴兵忌避に対策を講じたことは、軍部官僚がこのように自画自賛するのもうなずけないわけではない。しかし、一年志願兵制度や一年現役兵制度が存続する以上は、前者が「毎年徴集スル兵員ハ、一年志願兵ノ多寡ニ関係セズ、平時編成ノ定員ヲ充足スル如ク、所要ノ人員ヲ徴集スル次第デ御座イマシテ、一年志願兵ノ数ハ普通兵ノ数ニ影響致シマセヌ」と堀に説明されたように、富者や知識階級が一般徴兵の埒外におかれる構造に変わりなく、その限りにおいていかに彼らに対する徴集を厳格なものとし、かつ負担を重くしようとも、兵役義務負担の均衡＝「普通兵」の負担軽減に結びつかないのである。そして「普通兵」たらざるをえない民衆には、全体として、さらなる負担の増加を意味する事態が進行しつつあったのであった。

なぜならこの第四〇議会では、軍近代化を中心とする軍備充実計画が同時に承認決定されたからである。総力戦に対応する本格的な軍備拡張は、さらに寺内正毅内閣を引き継いだ原敬内閣の下でその実現がはかられることとなる。軍拡は、「平時編成ノ定員」拡大を意味し、これを「充足」すべく「普通兵」の増加を要求する。この結果、一九二一年の現役徴集人員は、一年ごとの現役徴集人員を各々従来の一・五倍に増加せしめる特科兵への二年在営・一年帰休制の実施（一九二〇年砲・工・輜重兵、二一年騎兵）と相俟って、一五年戦争前で最多の一四万三九七一人に達したのであった。堀発言にある「期待」とは、まさに以上のような文脈のなかに位置づけてこそ、その真意が理解しうるものなのである。

しかも堀発言は、単なる希望的観測からでたものでなく、軍事救護法によって「徴兵令ノ第二十二条ニ該当スルヤウナ者ノ、漸次減少スルニ至ル」具体的な手だてをふまえてのものであった。なぜなら、すでに軍は、一九一六年八月陸軍省原案が成立するさい、同案と「徴集ニ応スルトキハ其家族自活シ能ハサルノ確証アル者ハ本人ノ願ニ依リ徴集ヲ延期ス」と規定した徴兵令第二二条、および同様の事由にもとづく現役免除を規定した陸軍軍人服役令第五六条との関係をめぐって生起した恩賞課と歩兵課の論争の結果として、事実上両条項に軍事救護法を代位させる決定を行っていたからである。そして堀こそは、この論争の一方の当事者として、両条項の廃止を強硬に主張した人物であった（拙稿「軍事救護法の成立と陸軍」）。まさしく軍事救護法の成立は、徴集延期や現役免除に該当するような「家族自活シ能ハサル」貧困壮丁を徴集可能とした点において、民衆にとって「兵役義務ノ拡張」をも意味していたのであった。しかも軍は、このように軍事救護法を兵役制度に組み込むことで、救護のプロセスに介入する足がかりをつかんだのであった。

なるほど軍縮下においては、現役徴集人員の減少にともなって徴集延期人員がわずかながらも増加する傾向にあったように、上記の意味での軍事救護法の直接的な機能は低下したかもしれない。しかしながら、すでに徴兵令第二二条や服役令第五六条がほとんど有名無実化していた一九二〇年代にあって、九〇〇〇戸にもおよぶ留守家族の生活救済が不十分ながらもはかられたことは過小評価すべきではない。軍事救護法は、まさに救護をとおして貧困者に依拠する徴兵制を補完することにより、「大衆軍」を支える役割を負わされたのであった。

出願をめぐり

しかし軍事救護法は、「兵役義務ノ拡張」という本質的一面を有するがゆえに、一方で民衆の抵抗にも遭遇することとなった。

そもそも、軍にとって軍事救護法の最大の問題点は、同法が「出願主義」をとるため、救護を強制できないことにあった。このことは、一九一九年一一月横須賀海軍人事部長が埼玉県内務部長にあてて、「近来下士卒中家計困難ノ故ヲ以テ現役免除方出願ノ者著シク増加シ来リ候処、右ハ大正六年七月法律第一号軍事救護法ニ拠リ救護ヲ受ケシメラルヘキ資格ノ者ナルニ拘ハラス、同法未タ一般ニ徹底セサル為メカ、之レカ救護ヲ受ケスシテ直ニ免除出願ノ者其ノ大部分ニシテ、折角ノ良法モ之レカ活用ヲ欠キ甚タ遺憾ノ次第ト被存候」との通牒を発しているように、軍事救護法の施行後も直接現役免除を出願する兵士があとをたたなかったことからも理解できる（埼玉県行政文書大九九六）。海軍の場合、下士・兵卒の服役は下士兵卒服役条例に規定されるが、現役免除を規定したその第二二条は陸軍とは異なり、軍事救護法施行後も改訂されていない。したがって民衆にとって、自らが徴集されて家族が救護を受けるよりも、徴集延期や現役免除を望むのは当然であるからである。

ここで確認されるべきは、軍事救護法と徴兵令第二二条および服役令第五六条との関係――両者の出願の時期についてである。一九二五年第一師団司令部より発行された徴兵事務の手引書では、軍事救護法と前者の関係は、「軍事救護と云ふものは現役兵に適用さるべきもので、徴集延期の処分は徴兵署開設中に決定しなければならぬのである。でありますから軍事救護法が之に当たるか当たらぬかと云ふことは予め予想して之を決定しなければならぬ。でありますから家事故障が起こつた時には此救護やつて見て尚ほいかぬと云ふならば徴集延期をする。斯う云ふ順序になるのであります」と解説されている。同書によれば、「徴兵令第二十二条ノ規定ニ依ル徴集延期ノ処分ハ軍事救護法ニ依リ救護ヲ受クルモ其家族自活シ能ハサル者ニ限リ之ヲ為ス」との規定は、「救護の実質を受けて居つてもと云ふのではなく救護を受けるものと仮定してもといふ意味と解すべき」なのであった（『徴兵事務の大意』）。しかし、徴兵官が徴集延期の採決にあたって「救護ヲ受クルモ」と仮定しようとも、またこれによって徴集延期の出願が拒否され、兵士が入営した場合でも、実際にその家族が軍事救護法を出願するとは限らない。これに比して現役免除の出願には、「現役中本人ニ依ルニ非サレハ家族自活シ能ハサル事故ヲ生シタルトキハ家族ノ願ニ依リ現役ヲ免スルコトヲ得」の「現役中」の下に「軍事救護法ニ依リ救護ヲ受クルモ」の一句を挿入した一九二〇年一一月の陸軍軍人服役令第五六条の改訂以降、原則として軍事救護法の被救護者となっている事実が前提となった。しかし、それゆえに救護は、出願をめぐり、兵士と軍とのせめぎあいを生ぜしめる結果となったのである。

「軍事救護法を仰がざる考に有之候」

一九二六年一二月号の『偕行社記事』に掲載された陸軍歩兵大尉倉本純一の「ショックを与へたき事」は、こうした救護の構造を解くための具体的な資料を提供してくれている。この一文は、倉本と同僚の中隊長の二日間にわたる対話を綴ったもので、貧困兵士と軍隊をめぐる社会状況について赤裸々に語っている。文中、話者は単に○と×に分けられているにすぎないので、以下では便宜上○を倉本、×を同僚の中隊長と仮定して分析をすすめていく。なお倉本は当時三六歳、その署名に「於豆満江岸」と頭書しているように、朝鮮駐劄第一九師団隷下の歩兵第七六聯隊（羅南）において中隊長を務めていた人物であった。

二人の会話は、「某地出身の某兵卒の家庭」の話題から始まる。倉本は、「兵卒の近隣の人」がよこした手紙から、この留守家族が病人が多く悲惨な状況にあるのを知り、軍事救護法による救護を受けさせようと、「村役場に手続をしてやつた」という。しかし、村長からの返事は予期に反して「軍事救護法を仰がざる考に有之候」というものであった（資料中の……は原文のまま）。

×「ヘエー……驚いたなあ……村民の同情、労力補助、其他見舞金醵出等村其のものの救助法は至れり尽せり感服の外はないが、何故――軍事救護法を仰がざる考に有之候――と云ふて頑張るのだらう……軍事救護法に先づ拠らしめて其の上村民の同情金を加へてやつたならば猶ほよからうではないか村民の同情金も一時的にあらずんば幸だが……なあ妙な処に意地を張つたものだなあ……」

○「其の手紙の終りの方を読んで見ろ――一年帰休で早く帰休せしむる様云々――と書いてあるだらう？……其から判断すると……ドウモおかしい、……家族が自活し能はざる事故を生じたのだから、お互に先づ軍事救護法に依らしむべく尽力をし其結果により更に陸軍々人服役令第五十六条により正々堂々手続をしてやるべきである、然るに此の有様なるに至りては即ち陸軍々人服役令第五十六条が津々浦々の役所にまで徹底して居ないか又は軍事救護法に依るを余りに好まざる風が陰に漫つて居るのではあるまいか……」

倉本の主張は、改訂された陸軍軍人服役令第五六条の条文に照らし、まず留守家族に軍事救護法を適用し、それでもなお自活しえない場合、「正々堂々手続きをしてやる」——本人の現役を免除するというものであった。これに対し、「一年帰休で早く帰休せしむる様云々」という村長の要求は、「現役中殊ニ勤務ニ熟シ品行方正ナル者ハ帰休ヲ命ス」という徴兵令第一五条に依拠したものであった。したがって両者の主張は、帰休兵が服役区分上は現役であることからみても、全く異なったものであったといってよい。

倉本は、こうした村長の姿勢について、服役令第五六条が「津々浦々の役所にまで徹底して居ないか」、または軍事救護法の適用を受けるのを「余りに好まざる風が陰に漫つて居る」ことにその理由を求めている。しかし前者についていえば、村長が軍事救護法を明確に拒否している以上、たとえ服役令の存在を知っていたとしても、結果は同じである。村長の要求は、留守家族の救護ではなく——それは村がやっている——、本人を家族のもとに帰すことにあるからである。とすれば、村長があくまで一年帰休にこだわったのは、服役令第五六条が「先づ軍事救護法に依らしむ」（倉本）ことを前提とする点にあったという見方も成立しうる。

しかも同種の事例は、倉本が「都会だつて同様だよ」と、軍事救護法が大都市にすら徹底していない証拠として同僚に紹介した「名古屋市出身の本年の初年兵」の例にみるように、「某地出身の某兵卒」だけにとどまらなかった。この初年兵について、「町民総代」は、留守宅に一人残された老母の苦境を詳細に通報し、「誠に同情に堪へないから早く帰休させてくれろと云ふ嘆願書」を倉本と聯隊長を送ってよこし、その後も

「何度も何度も連発によこ」した。そこで倉本は、名古屋憲兵分隊に照会して調査を依頼し、その詳細な通報に接したので、この町民総代に「此の場合は先づ軍事救護法を受けさせて見て下さい」との手紙を出したが、その後何も返事が来なかったという。倉本によれば、このように「軍事救護法に依らしむべく努力しない」で、「在郷軍人分会長、村長或は町民総代等の名を以て往々一年帰休の恩典に預からしてくれろと嘆願して来る」事例は少なくなかったのである。そのさい「出願主義」は、救護が最終的には本人の自由意志に任されるという意味で、倉本＝軍の意図に反し、民衆の側に抵抗の論理を与えることともなったのである。

共同体規制

では、倉本がいま一つの理由として挙げている「軍事救護法に依るを余りに好まざる風」とは、具体的にはいかなるものであったのか。同僚は、「軍事救護法の何物たるやを了解せずして無意識に好まないのだらう、所謂食はず嫌ひと云ふものだらう」と推測する倉本に、「御説は御尤至極だ」と同調し、次のようにつづける。

×「オレも思ひ当る点がある、東京府下就中南葛飾郡あたりになると余りに資格がないと思はれる程度のものまで軍事救護法を受けて居ると云ふ始末で他地方よりも比較的多い様に思はれる、此れも流石に東京に近いから早く軍事救護法の意義が徹底したと云ふものだらう……」

○「モウ一つ蛇足を附け加へよう……検閲だとか舎内巡視だとかある際に兵卒の身上に関し諮問を受く

べき科目の一つにはキット――軍事救護法を受けて居る兵卒云々――が出るだらう、又、軍事救護法を受けて居る兵卒の姓名を報告せよと云ふ命令に接することは屢々だらう……此んな事は秘で取扱つて居るが何時とはなしに兵卒の耳に入り兵卒をして貧困者の家庭と云ふ代名詞の如く感ぜしめ遂に人の前をも憚らしめ陰に漸次に伝播して現在の有様になつたのではあるまいかネー」

×「そうだ、其れも理屈がありそうだ、……まだあるぜー……田舎の人はなかなか固いから人から生活上につき助けてもらうと云ふ事を好まぬから何の理屈もなしに嫌ふのだらう」

ここで、倉本らが軍事救護法の施行を妨げている要因として挙げているものをまとめてみると、ほぼ次の三点に集約できよう。

第一は、軍事救護法の「意義」や「趣旨」が徹底しておらず、地方によってはその存在すら知られていないという点である。ただし、これにはすでにみたように一定の留保をともなう。すくなくとも倉本の話からは、村長らが軍事救護法を全く知らないのか、それとも故意に無視しているかについて判断がつきかねるからである。むしろ、これまでみた事例からは、村長らが兵士を軍隊からとりもどすため、軍事救護法に「無知」を装ったとみるべきあろう。そして倉本らは、こうした村長らの行動の底に、国民全体に横たわる反軍感情を肌で感じとったからこそ、この一文に「シヨックを与へたき事」と題して警鐘を鳴らしたのである。

第二は、「生活上につき助けてもらうと云ふ事を好まぬ」といった意識に根ざした共同体規制の存在である。同僚の将校が指摘しているように、とくに「田舎」では、「都会」に比して人的結合がより強固なだけに、いわば共同体内の援護によって留守家族の生活救済がはかられる反面、共同体外の援護＝国費救護を恥とみなす傾向も強く、「出願」をめぐる他者の規制や自己抑制もまた同様に強かったといえよう。ここで想起すべきは、徴兵令第二二条が有名無実化するにいたった要因である。軍事救護法の制定にも参画した升田憲元は、『兵役税論』のなかで、その最大の要因を徴兵令第二二条が服役令第五六条とともに「強行法にあらざること」に求め、「本人又は家族の出願によるものなるが故に、本人若くは家族の法規を知らざるにより、或は自からの抑制により、或は又市区町村吏員の故意、過失、若くは懈怠によりて放任せられ、又は不当の干渉を受くる等により、延期出願の必要ある者の数に比し其実際の出願者は著しく少数なることを知らざるべからず」と告発したのであった。升田によれば、市区町村吏員が徴集延期の出願を好まないのは、従来からの「積弊」として、徴集延期者を出すことが自らの市区町村の「不名誉」であり、自治体およびその吏員の業務上の「不成績」を公表するものとみなしたことによる。そのため、彼らが「自己の成績を衒ふがため出願の注意を与へず、又は其出願を拘束し若くは受理せざるの弊は夙に識者の間に看取せらるゝところ」だったのである。こうした市区町村吏員の姿勢は、第一の点にもかかわる問題である。実際、道府県間には被扶助者数をめぐり著しい格差が生じていたのであった（表7－1）。

軍事救護法の施行を妨げた第三の要因は、軍隊内差別の存在である。軍事救護法を家族に適用された兵士は、その事実を検閲や舎内巡視の折りなどを通じて他の兵士に知られることで、「兵卒をして貧困者の家庭と云ふ代名詞の如く感ぜしめ遂に人の前をも憚らしめ」るがごとき、兵営内の陰湿な差別にさらされた。こ

表7−1

道府県別被救護者戸数

1921年度		1922年度	
大　阪	834	大　阪	935
東　京	700	東　京	768
兵　庫	608	兵　庫	583
滋　賀	495	滋　賀	434
新　潟	444	広　島	426
沖　縄	109	愛　媛	100
鳥　取	104	沖　縄	92
茨　城	89	茨　城	87
鹿児島	66	鹿児島	73
山　梨	57	山　梨	70

典拠：『日本社会事業年鑑』
大正12・13年

うした差別は、日本の軍隊が郷土部隊を編成原理とし、いわば出身を同じくする兵士の郷党意識に支えられることで、隊の団結をより強固なものとしただけに、一層増幅されることともなった。軍事救護法は、出願が留守家族のみならず、兵士を郷党たる戦友の差別にさらす危惧をともなわざるをえないがゆえに、民衆に忌避されることとなったのである。

恐慌時代の到来

しかも一九二〇年代の慢性不況は、同僚が「恐惶《ママ》時代が続けば続く程此の種〔社会組織〕の欠陥は増大する」とそれ自体正しく認識しているように、兵士をとりまく状況を年とともに深刻なものとしていた。もはや倉本ら軍人の眼にも、「社会組織の欠陥」はあきらかなものとなっていたのである。

○「軍事救護法が現実に適合し円満に実施せらるる事は又社会組織の欠陥を補ふ一つにもなるだろう……」

×「そうだとも、恐惶時代が続けば続く程此の種の欠陥は増大する……軍事救護法を受くる資格の者も増加し救護の程度も社会状態に伴ふて係数をかけてもらはなければならなくなるだろう……つまり、救護を受くる者の数も増加せなければなるまいし、又救護の金額も一日一人十五銭では時代に適合せざる事なきにしもあらずと云ふ有様になるかも知れん、要するに社会組織の欠陥を補ふの手段なれば何でも宜しい大に講ずべしだ」

ところで恐慌時代の到来は、倉本らに「救護の程度も社会状態に伴ふて係数をかけ」る必要を痛感せしめる一方で、「成金の夢時代に発布せられたもの」（倉本）であるがゆえに、軍事救護法の限界をもあきらかにしつつあった。すなわち軍はこの時期、倉本が「兵卒が年々満期退営して行くが其数日前の状況はドウだい？　年々歳歳同一状況だと君は思ふかい？」と同僚に問いかけているように、兵士の就職問題をかかえこまざるをえない状況におかれたのであった。

兵士の供給源は、日露戦争中の一九〇五年に全有業人口の六五・〇％を占めた農林業従事者の比率が、第一次大戦期から一九二〇年代にかけて急激に減少し、一九二五年には四七・七％と半分以下にまでおちこんだことからもうかがわれるように、農民から労働者、商業従事者へと移行しつつあった。軍が一九三〇年秋の満期除隊兵七万三七〇二人について就職希望者と実際の就職状況を調査した結果によれば、農業をはじめとする自営業に就業せず、雇用機会を求めた兵士は二万四七〇三人に達し、全体の三分の一を占めたという。もっとも兵士の就職難は、本来的には日本の徴兵制のありかたに基因するものであった。欧州大戦後、徴兵制を採用する資本主義国家のうち、フランス、イタリアでは、民兵制をとるスイスとともに悉皆徴兵であるため、徴兵適齢者の職場からの一斉退場と除隊兵の一斉復帰を前提として労働市場が編成されていたからである（加瀬和俊「兵役と失業」）。したがって、この問題は、「精兵主義」にもとづく選抜徴兵制を採用する日本にのみ存在する問題だったのである。しかも富者に軽く、貧者に重いという徴兵制の構造は、同僚の将校のいう「幸福の不平等」を社会に向けて拡大再生産していたのであった。

×「日本男子満二十歳より二箇年間全部が此の苦痛を受くるのならば、諦めもつかうと云ふものぢやが、たつた四分の一が真の兵役の義務に服し、残る四分の三は此の苦痛を知らないのだから其処に幸福の不平等が生ずるではないか」

×「だ《ママ》からオレが先刻から社会制度の欠陥を怒鳴つて居るではないか」

×「怒鳴つたてダメだよ、ラジオの肉声でもあるまいしさ、……当局者が痛感して意外なる苦痛調査委員会でも設くるに至らなければダメだよ」

兵士の就職難は、倉本らにとってあくまでも「社会制度の欠陥」にこそその原因が求められるのであった。しかし、こうした倉本らにしても、少なくとも「幸福の不平等」が兵役義務負担の不均衡に由来するものであることについては、これを認めざるをえなかったといえよう。このことは、二人が、のちの兵役義務者及癈兵待遇審議会を先取りしたような「意外なる苦痛調査委員会」を自ら臨時に組織し、次なる対策を用意していることからもあきらかである。

一、一年以上（但し専門学校、高等学校卒業者に在りては半年以上）就職し引き続き入営したる者に対しては、雇主は本人満期除隊直後旧職に服せしむるの義務を有す

官庁に於いても本項に準ず
二、入営せざる壮丁に対しては入営相当の期間所得額に応じ兵役税を徴収す

倉本のかかる提言は、『偕行社記事』一九二七年二月号「社員の声」欄に、「一、精勤章や善行証書が真の役に立つやうにしたい……満期兵の就職の第一要件がこれであるやうにしたい」「二、満期兵には職業を紹介したい……入営者に対する特典的法律の出現を望む」「三、赤貧者を保護する機関を今少し拡張完備したい……一年志願兵中には、体裁のよい徴兵忌避のやうに考へられる者がある」との投書が寄せられたように、隊付将校に共通する思いに棹さすものであったといえる。「赤貧者を保護する機関」はもとより、兵役税さえも、この投書が「『入営した為に職無き者となつた』との怨言を聞くことはないか」と問いかけているように、陸軍が徴兵制を通じて国民の怨嗟の的となっていたこの時期、一年志願兵への反感と相俟って、隊内に一定の理解と共感をうる裾野を有していたのであった。このことは、軍隊の国民的基盤の喪失が、倉本ら戦場で兵士を指揮する隊付将校にとり、死に直結する問題であったからにほかならない。シベリア戦争はそのことを彼らに教えたのであった。

兵役義務者及癈兵待遇審議会

これまでみたように、倉本は、「近隣の人」や「町民総代」の手紙をとおして留守家族の窮状を知り、彼らを軍事救護法に依らしむべく「努力」してきた。実際、この「ショックを与へたき事」には、「努力」が

実を結んだ事例として、現役兵が入営するさい町村役場から提出される「身上明細書」から、とある悲惨な身の上に接した倉本が、村役場に「根気よく再三手紙を出し」、最後には「私信を以て直接村長に御願し」た結果、救護を受けるようになった「某地出身の一壮丁」の話も紹介されている。現役兵家族の被救護者が九〇〇〇戸にも達したのは、こうした倉本をはじめとする隊付将校の「努力」なくして到底考えられない。その行動は、時として民衆の抵抗にあったとはいえ、いわば兵営にあって事実上救護委員に相当する役割を果たすことで、軍事救護法の普及を底辺から支えたのであった。無論、彼らをこうした行動にかりたてたものは、貧困兵士の現状について倉本らが「シヨックを与へたき事」と題して警鐘を鳴らしたように、国民的基盤の喪失という軍の現状に対する危機認識にほかならなかった。

しかし倉本らの方法は、村役場への「手紙」や村長への「私信」に頼らざるをえなかったことに象徴されるように、限界をもたざるをえなかった。こうした救護の現状は、一九二七年一二月、第一師団長和田亀治をして、次のような「必任義務兵中家庭貧困ナル者ニ対スル徹底的救護ヲナスノ意見」を陸軍省に提出せしめたものにほかならない（「諸意見提出ノ件報告」）。

兵役ノ義務ハ崇高ニシテ最モ名誉トセサルヘカラサルモ、兵役ニ服スルカ為家族ノ生計ニ窮スルモノ尠シトセス、而シテ目下軍事救護ノ方法設ケラレアルト雖モ、受給者ハ其面目上之ヲ受クルヲ潔トセサルノミナラス、仮定之ヲ受クルモ其ノ額極メテ僅少ニシテ為メニ生活ノ安定ヲ求ムルニ足ラス、如斯状況ニ於テハ兵役ヲ国民最高ノ権利義務ナリト高唱スルモ、事実ニ於テハ兵役ヲ嫌フノ風漸次助長セラレントスルノ傾向ナルヲ聞知スルハ看過スヘカラサル所ナリ、故ニ此ノ際家庭ヨリノ送金ヲ要セサル為ニハ先ニ意見ヲ提出セシ如ク必需品ヲ官給スルノ制ヲ設ケ、尚家庭貧困ナル者ノ為ニハ生計ヲ補フ程度ニ救護ヲ徹底セシムルノ要アリ、之カ為現制ノ如ク地方費ニ依ル救護ノミニテハ到底十分ナルヲ得サルヲ以テ、府県毎ニ恰モ赤十字社ノ如キ組織ノ大ナル救護団体ヲ設ケ、尚之ニ国費ヲ以テ補助ヲ与ヘ以テ救護ヲ全カラシムルヲ可トス

兵役をいかに「国民最高ノ権利」と高唱しようとも、徴兵制がその不平等な構造をとおして国民の怨嗟の的となっている現実は、軍としてももはや直視しないわけにはいかなかったのである。なお資料中、「地方費ニ依ル救護」とは、日露戦争のさい、三井など財閥系企業の専門経営者に藩閥官僚や華族が加わり、設立された帝国軍人後援会が集めた巨額の寄付金の残余を、各道府県に配布した軍事援護資金にもとづく救護を指し、軍事救護法の成立以降、「法外援護」と呼ばれるようになったものである。しかしこの法外援護は、内務省社会局の調査による一九二九年度の実績では、国費救護に比して人員で四分の一、金額でわずか六%にすぎなかったのであった（山本和重「満州事変期の労働者統合」）。

しかも一九二〇年代後半における兵営をめぐる状況は、「ショックを与へたき事」が、二日間の会話に各々「軍事救護法」「軍人と社会」という象徴的な章題を付しているごとく、すでに倉本ら個人の「努力」を超え、軍人および軍隊と社会の関係を問い直さねばならないまでに切迫したものとなっていた。二〇年代の慢性不況は、中隊長倉本をして、「兵役の義務に服して居る兵卒が総て気の毒だ」と慨嘆せしめたように、

軍事援護に貧困兵士から全兵士へと救護対象の拡大を促していたからである。軍は、「精兵主義」にもとづく選抜徴兵制を堅持しようとする限り、必然的に兵士の就職問題に何らかの対策を施す必要に迫られていたのであった。

かくして軍は一九二九年一一月、「陸軍大臣ノ監督ニ属シ、関係各大臣ノ諮問ニ応ジテ兵役義務者及癈兵並ニ其ノ家族等ノ待遇ニ関スル重要事項ヲ調査審議ス」ることを目的とした兵役義務者及癈兵待遇審議会を設置する。その設置は、癈兵に対する職業再教育が答申されたように、総力戦段階に対応すべき軍事援護のありかたを模索するものであったとともに、国民的基盤の喪失に対する軍の危機感の現れでもあった。それはこの審議会が兵役税導入論に対する代替策としての意味をもっていたことにもしめされている（一ノ瀬俊也「第一次大戦後の陸軍と兵役税導入論」）。貧困留守家族の救済や兵士の就職問題は、この時期、軍が共産党の活発な反軍活動にさらされていたことと相俟って、座視できない問題となっていたのであった。

この審議会が、軍事救護法について被救護者の範囲拡張、現金給与額の増額などとともに、「現行法ニ於ケル申請給付方式ハ往々実情ニ副ハサルコトアルヲ以テ申請ナキ場合ト雖モ必要ト認ムルトキハ救護ヲ開始シ得ル途ヲ開ク」として、救護の手続における「一方的給付方式」の併用を答申したのは、これまでみた経緯からいえば当然であったといえよう。答申にもとづく軍事救護法の改正は、第五九議会において成立するが、その施行を前に一九三一年一二月八日に公布された改正施行令は、第一条で「救護ヲ受ケントスル者ハ地方長官ニ出願スベシ、但シ地方長官必要アリト認ムルトキハ其ノ出願ナキ場合ト雖モ救護ヲ行フコトヲ得」と規定したのであった。とはいえ、改正に要する経費は、浜口内閣による緊縮財政の下で、答申の内容にもとづき陸軍省が試算した約二〇万円のほぼ半額に減額された。また「一方的給付方式」そのものも、「出願主義」の原則に対する、いわば例外的な措置でしかなかった。さらには、審議会答申の最大の眼目であった入営者職業保障法は、陸軍省と内務省の折衝の結果、政府案提出の時点で答申の内容から著しく後退したものとならざるをえなかったのである（山本前掲論文・加瀬前掲論文）。それは、倉本が提起した入営兵に対する復職義務に対し、同僚が「本人入営間雇主が別に其の代人を雇つて居たと思ひ給へ、其の代人が甚だ敏腕家で入営した本人が居るよりも、遥かに能率が上つたとしたならば、雇主としては代人を解雇してまで本人を迎えると云ふ気分になれるかなあ」との疑念を表明したように、資本の論理が優先された結果にほかならない。

これらの抜本的な解決は、国家総力戦となった日中戦争下においてはかられることとなる。

第八章 「国民の隣保相扶」へ——銃後奉公会の成立——

総力戦の構造

一九三七年（昭和一二）七月七日の盧溝橋事件に端を発した日中間の紛争は、日中の全面戦争へと発展した。翌年五月、戦争に必要な人的・物的資源の統制運用を、政府が法律によらず命令で行うことを可能とした国家総動員法が発動され、日本は戦時体制に移行する。中国における戦争は、一九四一年一二月の日米開戦により、アジア・太平洋全域へと拡大していく。

戦争の長期化、拡大にともなって日本の動員兵力は膨れあがった。陸海軍の総兵力は、日中戦争前五五万人であったが、一九三七年末には一挙に一〇六万人に倍増、以後年とともに増加し、一九四一年のアジア・太平洋戦争開戦時には二四〇万人を超え、一九四五年八月の敗戦時には七〇〇万人余に達する。この数字は、当時一七歳から四五歳までの兵役年齢にあった男子人口一〇二一万人の七割余にあたるものであった。

しかし軍は、一九四四年末の段階でも、一四歳から六〇歳までの生産年齢人口に対して、第二次世界大戦の主要参戦国のうち最も低い一一％を兵力として動員したにすぎなかった（表8－1）。このことは、「家」

表８－１　第二次大戦主要参戦国における生産年齢人口（14歳～60歳）の各部門別動員率

単位＝％

国別	軍動員	労力動員				合計
		軍需産業	民需産業	農業	計	
日本	11.0	27.7	14.9	28.4	71.0	82.0
アメリカ	15.0	21.0	28.8	10.2	60.0	75.0
ソ連	24.0	21.4	19.5	20.1	61.0	85.0
ドイツ	31.0	−	−	−	53.0	84.0
イギリス	19.0	−	−	−	66.0	85.0

註・原表ではソ連の労力動員比率は軍需産業35％、民需産業32％、農業23％。表は農業を33％として計上

典拠：『支那事変大東亜戦争間動員概史』

秩序が、看護婦を除き、女子を後方勤務部隊につかせるのさえ拒否したことに加え、日本が直接の対戦国であるアメリカに比し、動員比率において軍需産業に約一・三倍、農業に実に三倍の労働力を割かなくてはならなかったように、家族労働にもっぱら依拠した小農経営と、熟練工に対する依存度が高い軍需工業が、兵力動員を規制した結果であった。日本の戦時体制が、国家総動員法の下で、国民生活に密接にかかわる民需産業を極端にきりつめ、そこで生じた余剰労働力を半ば強制的に軍需産業に配置転換するとともに、統制経済をしかなくてはならなかった理由もここにある。「ぜいたくは敵だ」「欲しがりません勝つまでは」といった標語は、まさにこうした国家の台所事情を象徴したものだったのである。

かかる総力戦の構造は、当然のごとく軍事援護のありかたをも規定せずにはおかなかった。総力戦は、長期戦と戦域の拡大にともなう国民的規模の兵力動員と戦死傷者の増加とによって援護対象を激増させただけでなく、傷痍軍人や遺家族を労働力として戦

争へ動員することを必須の条件としたからである。この時期の軍事援護が新たに帰還軍人にまでその対象を拡大したのも、こうした事情にもとづく。したがってそれは、前軍事保護院副総裁・厚生次官児玉政介が、一九四〇年三月に日本外交協会の席上で、次のように発言しているように、国家事業として取り組まれなくてはならなかった（「軍事援護事業の一班」）。

現在の国の軍事援護の仕事といふものは、非常に大きな仕事をやつて居りまするので、段々と軍事援護事業が、何と言ひますか、国営化する傾向があるのでありますが、これはかういふ大きな事変になりまして、手広く多数の者に行渡らせるといふこと、又其仕事がとても隣保相扶といふことで、では出来ない。例へば結核の患者の対策を講ずるといふやうなことは、とても隣保相扶でやれるものではないのでありまして、余程大きな仕組を以てやらなければいけない。自然国がこれをやるといふことが起るのは当然であると思ふのであります

国庫の支出は、翌一九四一年度の時点で、軍事扶助費および傷痍軍人保護諸費、軍人援護事業助成費、傷痍軍人療養所新営設備費等からなる軍人援助諸費の合計で、一億一一〇〇万円余にも達していた。この金額は勲章年金・恩給額のうち軍人関係二億七九三一万円を加えれば、さらに増加する（『昭和財政史』第三巻）。これに対し、道府県および民間団体による法外援護の事業費は、同年比較で一七七七万円と六分の一強にすぎず、しかもその過半を国庫助成金に依存していたのであった（後掲表8－4）。

しかし軍事援護の「国営化」は、児玉もこの講演のなかで警戒しているように、一方で被扶助者の権利意

識の拡大を必然的にもたらす。しかも長期戦を戦い抜くためには、国民に耐乏生活を強いつつ、その思想的団結力を維持し、これを戦争に協力させる必要があった。総力戦下の軍事援護が国家事業として営まれる一方で、「隣保相扶」が再び強調された所以はここにある。そこでは、軍事援護は前線と銃後の結節点に位置する「軍民一体化の要」（厚生省事務官吉富滋）と位置づけられ、国民の動員装置としての役割を期待されることとなる。

「軍事扶助ノ戦時態勢」

総力戦段階における軍事援護のありかたについては、すでに日中戦争前から想定されていた。陸軍省は、一九三七年八月九日、応召者の家族扶助に関する施設計画について報告を求めた内閣書記官長名の照会に対し、すでに着手したものとして、一　応召中休職扱いとなる嘱託員、雇員、雇人または工員の手当または給料額が応召部隊における俸給より多額なときは差額を給すること、二　文官、同待遇官吏について事務上差し支えがあり補欠が必要な場合を除き、なるべく現職のまま応召させること、三　内務省と協力し、「軍事扶助法ノ迅速且ツ適正ナル活用ヲ図リ、又軍事扶助団体ノ活動ヲ促進シ、国家施設ト緊密ナル連繋ノ下ニ扶助ニ違算ナカラシムル為」、各軍、師団参謀長、憲兵司令官および各聯隊区司令官に通牒を発し、地方庁との協力を要望したこと、四　軍事扶助中央委員会の指導、五　直接関係ある民間扶助団体の指導、六　雇傭主の待遇調査、七　入営者職業保障法に関する件（施行状況の調査）を、着手しようとするものとして、一　要扶助者の調査、二 応召家族の就職斡旋、三 軍の要望する扶助事項の実現促進、四 陸軍に対する恤兵金の一部を応召者家族の生活扶助および医療等に充当すべく、その利用法を研究することを各々挙げている。

注目すべきは、着手しようとするものの三で、軍の要望する扶助事項とは、具体的には陸軍省人事局恩賞課による「軍事扶助ノ戦時態勢」によってしめされていた（「応召者家族扶助ニ関スル件」）。

一 軍事扶助法ノ徹底的普及ヲ図リ、特ニ生業扶助、医療扶助ヲ重視スルコト

二 遺家族ノ生活安定ヲ図ル為、軍方面ニ於ケル之等ノモノ、実情調査、及就職斡旋機関ヲ確立スルコト

三 日本赤十字社ヲシテ傷痍軍人及其ノ遺家族ノ医療ニ就キ一層協力セシムルコト

四 傷痍軍人ノ療養所ヲ設置シ、成ル可ク職業再教育機関ヲ併置シ、療養後ニ於ケル就職ニ便ナラシムルコト

五 傷痍軍人及遺家族ノ強制雇用法令ノ制定

医療扶助を含め、いずれの施策も、傷痍軍人や遺家族を労働力として動員することを意識したものにほかならない。それが旧来の自助論的な発想から出たものでなく、総力戦に対応する施策であったことは、かつて同じ恩賞課が、軍事救護法の最初の政府原案ともいうべき軍人遺家族救護法案を起案したさい、生業扶助と施療について「要スルニ現金又ハ現品ノ給与ニ依リ多クハ其ノ目的ヲ達シ得ルカ故ニ特ニ区分スルノ要ナク」、また授産についても施設・経営がともに困難で、かつ事業費として多額の経費を必要としながら、実

際の生計補助に充当すべき費用が必ずしもこれに順応しないとの理由で、救護の方法から除外した事実があったことを想起すれば、おのずとあきらかであろう（拙稿「軍事救護法の成立と陸軍」）。さらにいえば、これらの施策がすでに開戦前からある程度まで想定されていたことは、この「軍事扶助ノ戦時態勢」が戦火が上海におよぶ前日の八月二日の日付をもち、「北支事変」が「支那事変」に拡大する前に作成されていることによってでも理解できる。それは、傷痍軍人の職業再教育や入営者職業保障法を答申した兵役義務者待遇審議会の延長線に位置するものだったのである。むしろ「軍事扶助ノ戦時態勢」とは、軍が中国の抗戦能力を著しく過小評価していたことを考え合わせると、将来戦＝総力戦を念頭においた軍事援護体制の構築を、「北支事変」を機にいち早く実現しようとしたものであったといえる。

ここで提起された施策のうち、軍事扶助法における生業扶助と医療扶助の重視については、扶助の種類が一九四一年までたどれる『日本社会事業年鑑』によれば、いずれの年も生活扶助費が全体の九割を超え、扶助の中心となっていることに変わりがないとはいえ、その比率が日中戦争の開始とともに減少し、この間増加したのが医療費、ついで生業扶助費であったことにあきらかである。それぞれの扶助を受けている被扶助者世帯（三六年は戸数）に、二種以上の扶助を受けている世帯を合計して求めた扶助件数は、傷病兵の増加とともに、軍事扶助法が被扶助者をあくまで労働力として戦争に動員すべく運用されたことをしめしている（表8－2）。一九四〇年以降の生業扶助件数にみる顕著な減少は、恩賜財団軍人援護会の法外援護が扶助法の生業扶助に代位した結果であった。

表8－2　軍事扶助法の運用

年　次	事　項	生活扶助	医　療	助　産	生業扶助	臨　時 生活扶助	埋　葬	合　計
1936	件数 %	35,097 94.78	1,476 3.99	26 0.07	3 0.01	7 0.02	420 1.13	37,031 100.00
1937	件数 %	366,192 85.07	31,679 7.36	12,271 2.85	14,620 3.40	365 0.08	5,504 1.28	430,477 100.00
1938	件数 %	535,936 69.24	150,697 19.47	10,288 1.33	59,509 7.69	4,592 0.59	13,046 1.69	774,058 100.00
1939	件数 %	567,437 70.57	176,961 22.01	3,992 0.50	42,676 5.31	1,608 0.20	11,380 1.42	804,054 100.00
1940	件数 %	463,010 72.66	139,122 21.83	2,952 0.46	24,488 3.84	842 0.13	6,830 1.07	637,244 100.00
1941	件数 %	815,848 91.82	51,923 5.84	2,310 0.26	9,370 1.05	2,189 0.25	6,886 0.77	888,526 100.00

典拠：各年『日本社会事業年鑑』

また傷痍軍人の療養所と職業再教育機関の設置が、翌三八年一月厚生大臣の下に設置された傷痍軍人保護対策審議会の答申にもられたのは、本書第五章でみたとおりである。傷痍軍人保護は、その特別委員会冒頭でしめされた「基礎要則」において、次のように位置づけられていた（『傷痍軍人保護対策審議会議事録』第一輯）。

傷痍軍人対策ハ社会事業ニアラズ、其ノ経費ハ寧ロ戦費ノ一部ヲ構成ス

軍事援護体制の構築

日中戦争の拡大と長期化は、軍事援護行政を一般救貧行政から分離、拡充させ、これを管掌する国家機構を整備させていった。

まず一九三七年一一月、内務省社会局に臨時軍事援護部が設置され、軍事扶助、傷兵保護、労務調整の各課がおかれた。この臨時軍事援護部は、翌三八年一月の厚生省の新

設によって社会局とともに同省に移管される。四月には、国家総動員法を成立させた第七三議会で傷痍軍人保護事業の大幅な新設予算が認められたのを受け、厚生省外局として傷兵保護院が設置され、傷兵保護事務を単独で管掌することとなった。一方臨時軍事援護部は、傷兵院設置と同時に社会局職業部が設置されたのにともない労務調整課が同部に移されたため、軍事扶助事業のみを管掌したが、同年一〇月、戦死者の増大にともない、遺族援護を拡充強化する必要が生じたため、遺族援護課を新設する。

国家機関の整備拡充に並行して民間軍事援護団体の統制も進んだ。すでに日中戦争前の一九三四年二月には、内務省社会局社会部、陸軍省人事局および海軍人事局の協力の下に、民間の主要な軍事援護団体である帝国軍人後援会、報效会、愛国恤兵会、義済会、愛国婦人会、大日本国防婦人会、帝国在郷軍人会、日本赤十字社、済生会、啓成社の一〇団体が、中央・地方における軍事扶助事業の統制連絡をはかり、援護の重複遺漏を避けるべく「軍事扶助事業統制ニ関スル協定書」を締結し、中央に軍事扶助中央委員会を組織するとともに、地方にこれらの団体の支部、支会その他からなる軍事扶助地方委員会を組織していた。道府県が毎年行うべき軍事援護の事業計画は、これ以降、毎年一〇月一日現在により一〇月中に完了するごとく行われる管内の要扶助者に関する調査にもとづき、軍事扶助地方委員会および関係聯隊区司令部と協議して立案されることとなった（「軍事扶助事業統制ニ関スル件」）。これらの団体は、日中戦争開始以来、道府県および市町村に設立された各種銃後後援団体とともに、いわゆる法外援護を担った。

一九三八年一〇月、前月の軍人援護に関する勅語を奉戴し、天皇の内帑金三〇〇万円を基本として恩賜財団軍人援護会が設立され、地方長官を支部長とし、道府県に支部をおいた。同会は、帝国軍人後援会および一九三七年一二月に愛国恤兵会と報效会を合併した大日本軍人援護会および振武育英会の三団体と統合、これ以後敗戦まで民間軍事援護団体の「中枢」として活動していく。翌三九年一月には銃後奉公会が設置され、「比較的自由に且広汎に亘つて」銃後後援活動を行っていた市町村レベルの既存団体の再編が急速に進んだ(吉富滋『軍事援護制度の実際』)。銃後奉公会は、軍事援護について実質上、軍人援護会の下部組織としての役割を担うこととなる。

一九三九年七月、民間軍人援護事業の統制、一元化をふまえ、臨時軍事援護部と傷兵保護院が合併、厚生省外局として軍事保護院が新設される。同院は、一　教養教化相談指導ならびにこれが事業助成、二　軍事扶助法の施行、三　軍事援護事業助成、四　戦没者遺族援護事業、五　傷痍軍人援護事業、六　召集解除者生業援護事業助成を管掌、軍事援護の中枢国家機関としての役割をはたしていく。かくして軍事保護院を頂点として、法による援護と、恩賜財団軍人援護会——銃後奉公会が主として担う法外援護の一元的な国家管理が実現したのであった。

さらに一九四二年二月には愛国婦人会と国防婦人会が、三団体鼎立の下で会勢を競った大日本連合婦人会とともに、翼賛体制の下で大日本婦人会に統合される。在郷将校同相当官を援護対象とした義済会を除き、軍事援護を主たる事業とする民間団体が、地域の自発的な銃後後援組織とともに、半ば強制的に解散させられたという事実にこそ、「隣保相扶の道義心に基づく」法外援護でさえも、国家統制の下に徹底した合理化が追求されるとともに、自主的な活動が一切認められないという、この時期の軍事援護のありかたが端的にしめされている。

「国民の隣保相扶」

このように軍事援護が国家事業として営まれる一方で、戦争の長期化とともに「隣保相扶」が強調されていく。

それは、戦争の早期解決の糸口を自ら断った近衛第一次声明が出された一九三八年一月、厚生省臨時軍事援護部の次のような主張によってはじまった（上平正治『軍事援護事業概要』）。

事変下の今日に於いては〝軍事援護〟と言ふ言葉は〝銃後の護り〟と言ふ言葉と共に凡ゆる階級を通じ凡ゆる山間僻陬の地に至る迄誠によく徹底して来た。然し乍らそれ等の人々が果して克く軍事援護の本質内容を正確に把握して居るであらうか。例へば軍事援護に関しては軍事扶助法と云ふ法律があるから国家に委せて置けばい丶、国家が援護することが原則であるなぞと、誤つた考へを持つて居る者がありはしないだらうか。兵役に服することが日本臣民の重大なる義務の一であることを思ひ、我が国体の本義と考へれば軍事援護は国民の隣保相扶に依ることを以て本体とし、国民の隣保相扶による援護を以てしても尚且つ足らない場合に始めて国は其の足らざる部分を補ふと言ふのが理想であり、又実際にそうあらねばならぬのである。即ち〝軍事援護の精神即隣保相扶の精神〟と言ふことが常に国民全体の念頭に置かれてゐなければならない。

「隣保相扶」の強調は、戦争当初における軍事扶助法の被扶助者拡大がまねいた「誤つた考へ」＝国家の扶助を当然視する権利意識の拡大に歯止めをかけようとするものであった。逆にいえば、こうした考えが相当程度に広がりつつあったことをしめしているといえる。注目すべきは、従来みられなかった用例として、ここでは「国民の隣保相扶」なる文言が用いられていることである。それは、のちに市区町村にあまねく銃後奉公会を設置せしめた理念にほかならない。

この「国民の隣保相扶」は、戦争が持久戦に入り、これにともない援護の弛緩、軍人遺家族間の賜金や扶助料などをめぐる紛議や風紀問題が顕在化し、さらには国民全体に厭戦気分が急速に広がるなかで、声高に唱えられていく。その転機が、同一九三八年一〇月五日より実施された銃後後援強化週間と、その前々日これにタイミングを合わせて下された「軍人援護ニ関スル勅語」から、恩賜財団軍人援護会の設立を経て、銃後奉公会の設置へいたる過程にあることは間違いない。この一連の流れのなかで、一一月八日、厚生省主催の下に関係各省ならびに国民精神総動員中央連盟ほか一二団体会同の軍事援護に関する協議会が採択した「銃後遺族家族家庭強化対策ニ関スル希望意見」は、その内容もさることながら、「時局は愈々長期建設の輝しき新段階に入り」と認識しているように、武漢攻略戦の戦略的失敗によって戦争の長期化が決定的となった事態をふまえたものだけに注目に値する。この意見書は、「軍人遺族家族ハ進ンデ自ラ其ノ家庭ノ護リヲ固クシ、自力更正以テ護国ノ英霊ニ応へ、又第一線軍人ヲシテ後顧ノ憂ナカラシムルハ、銃後遺家族トシテ最モ緊要ナル責務ナリトス」と述べているように、軍人遺家族に対する規制強化の端緒となったものにほかならない。このことは、官庁において行うべき事項として、三八年五月以降全国に設置された軍事援護相談所の活動強化が第一に挙げられていることからも理解できよう。そのさい遺家族の「家庭強化」をはかる具体的方策として挙げられたのが、次のような「精神的援護」であった（青木大吾『軍事援護の理論と実際』）。

軍事援護事業は其の物質的方面に於ては相当円滑に行はれつゝあるが如きも、精神的援護未だ之に伴はざる憾あるを以て、今後愈々一般国民の隣保相扶の精神を強調すると共に、遺族家族をして家庭強化の実践を期せしめ、以て軍人遺家族たるの矜持を一層堅持せしむべきなり。仍つて左記各項に付官民一致其の実践を期せんとす

ここで重視されている「精神的援護」とは、みられるように双方向的なもので、援護主体たる国民に「隣保相扶ノ精神」を、援護対象に軍人遺家族たる「矜持」を要求するものであった。しかしその内実は、一般国民の協力すべき事項として、（1）軍人遺家族の栄誉を尊重し隣保相扶の誠を捧ぐること、（2）軍人遺家族の温き相談相手となること、（3）軍人遺家族に対し慰問慰藉に努むること、が挙げられているように、遺家族に対して周囲の者が日常的にかかわることによって、その行動を規制しようとしたものにほかならない。翌一九三九年四月、遺家族間の紛議処理を目的として人事調停法が制定されるのも、その迅速的な解決によって「家庭強化」をはかることが、戦時体制の安定にとって必須であったことよる（利谷信義「戦時体制と家族」）。

しかも「隣保相扶ノ精神」「精神的援護」に顕著な軍事援護の「精神化」は、やがて「軍人援護精神」として言説化され、戦局の推移とともにその対象を著しく拡大していく。それは、銃後後援強化週間の性格の変化によっても確認できる。この運動は、一九四〇年より銃後奉公強化週間、さらに四二年より軍人援護強化運動と名を変えながら、紀元二千六百年記念全国軍人援護事業大会が開催された四〇年を除き、毎年勅語渙発の日にあたる一〇月三日を開始日として行われたもので、三八年の実施要領が、慰藉ならびに祈願、隣保相扶の徹底、少国民の教化、軍人傷痍記章の伝達式挙行、善行者の表彰、待遇改善協議会の開催、雇用主懇談会の開催、座席譲与の徹底を謳っているように、当初あくまで軍事援護の強化それ自体を目的として展開された。しかし「銃後奉公強化週間」と名を改めた一九四〇年には、その大綱の主眼事項に、国民に対して「長期戦ニ対処スベキ旺盛ナル精神力ノ振起涵養ニ務メ、以テ聖戦ノ目的完遂ニ邁進スルノ気風ヲ振作スルコト」がもりこまれるとともに、「傷痍軍人、帰郷軍人、軍人ノ遺族家族ハ銃後ノ国民トシテ其ノ本分ヲ遂行シ、以テ皇恩ノ万一ニ応へ奉ルノ覚悟ヲ新ニスルコト」が掲げられ、援護主体と対象のいずれを問わず総力戦への「銃後奉公」を要求するようになる。さらに、一月のガダルカナル島撤退によって戦争が敗勢に転じた一九四三年には、主眼事項の（一）に「戦意ノ昂揚」、（二）に「戦力ノ増強」、（三）「援護ノ強化」が各々掲げられ、とくに（二）において「軍人援護ノ精神ヲ生産増強、食糧増産ニ打込ミ、以テ戦力ノ増強ヲ図リ必勝ノ体制ヲ確立シ、前線将兵ヲシテ後顧ノ憂ナカラシムルコト」を国民に要求するにいたる。ここではもはや、「軍人援護ノ精神」は、事業それ自体から乖離し、国民を「生産増強」「食糧増産」へ動員するイデオロギーと化したのであった。しかしそれは、「社会事業」を放棄した軍事援護が、必然的にたどる道でもあった。

そのさい、国家から国民の動員装置として期待されたのが銃後奉公会であった。いわば銃後奉公会とは、恩賜財団軍人援護会が勅語の威力によって既存軍人援護団体を一挙に統合するとともに、天皇の「恩愛」の下に銃後国民の再統合をはかるものであったとすれば、「国民の隣保相扶」を構築する場にほかならなかったのである。

銃後奉公会の設置

銃後奉公会は、一九三九年一月一四日の厚生・内務・陸軍・海軍四大臣の地方長官あて訓令にもとづき、設立された。そのありかたは同日の四省次官による「銃後奉公会ニ関スル件」通牒の「設置要綱」により、趣旨、名称、目的、事業、組織、経理、運営の細部にわたって規定されていた。

銃後奉公会は、この「要綱」によれば、「国民皆兵ノ本義ト隣保相扶ノ道義トニ基キ、挙郷一致兵役義務服行ノ準備ヲ整フルト共ニ、軍事援護ノ実施ニ当リ、愈々義勇奉公ノ精神ヲ振作スルヲ以テ目的」とし、この目的を達成すべく、1兵役義務心の昂揚、2隣保相扶の道義心の振作、3兵役義務服行の準備、4現役または応召軍人もしくは傷痍軍人ならびにその遺族家族の援護、5労力奉仕その他家業の援助、6弔慰、7慰問慰藉、8犒軍、9身上及家事相談、10軍事援護思想の普及徹底、11その他必要なる事業、を事項として掲げていた。ここでは、銃後奉公会が動員装置たる所以として、事業の1・2とともに、その目的が国民の「義勇奉公ノ精神ヲ振作スル」ことにおかれている点に注意したい。

銃後奉公会の組織は、会長に市区町村長をあて、会長が委嘱する者を副会長と評議員に配し、経費には会費、補助金、寄付金その他の収入をあてるとされた。会費は、会員が「応分ノ会費」を負担するものとされている。設置単位については次のように指示されていた。

イ、市区町村ノ区域ニ依ルヲ原則トスルモノトス

ロ、地方ノ実情ニ依リ挙郷一致ノ趣旨ニ即応スル構成トスルコト

ハ、部落又ハ町内会等ノ組織ヲ活用スルモノトス

「隣保相扶ノ道義」にもとづくべき銃後奉公会が、なぜに市区町村単位で設置されなくてはならないかの理由については、「即ち我国に於ては昔から隣保相扶の美風は、市区町村の区域に就て最もよく発達したものであるから、これを遺憾なく発揮せしむる為」と解説されている（青木前掲書）。語るに落ちたとは、まさにこのことであろう。もっとも、設置単位にみられるように、「特殊事情のある所では、隣保相扶の情誼を発揮し得る様、実際に即して適当の少区域に分割しても差支ない」（同前）とされた。しかしこれにしても、内務省を中心に部落会・町内会―隣保班（隣組）を設置し、自律的な共同体を解体しようとする動きに連動するものであった。

それは、大阪市において、一九三七年八月に設置された軍人遺家族援護組合が銃後奉公会に改組されるさ

い、「概して小学校通学区域を以て其の区域としたのであるが、中には町単位又は二以上の通学区域を一区域とするものがあり、区域が交錯してゐるのもあ」ったため、「此の際多少の困難を払っても区域を一斉小学校通学区域に統制するように」したことに端的にしめされている（大阪市役所『軍事援護事務』）。こうした統制は、同じ大阪市において、日露戦争のさい、「学区（連合区）のほかに町連合・丁目など様々なレベルで地域住民の組織化が推進され」、軍事援護団体が結成されたのと対照的である（北泊謙太郎「日露戦争中の出征軍人家族援護に関する一考察」）。この論文は、「地域社会が援護事業の内容に対応して結集の規模を収縮していること」に注目し、「隣保相扶」を「事業遂行主体の重層的役割分担」としてはじめて具体的に把握したすぐれた論文である。ただし北泊は「地域住民の組織化が推進された」と、あきらかに組織化の主体を地域社会の外部においているが、はたしてそうであったろうか。地域社会内部における「事業遂行主体の重層的役割分担」とは、組織化されたものでなく、本来的に人間の結びつきが重層的なものであることの証であると考える。軍人家族組合の「区域が交錯」したのも、その結びつきが「区域」を超えて広がり、新たな共同性にもとづく地域社会を創りあげようとしていたからにほかならない。まさしく銃後奉公会とは、かかる重層的な生きた地域社会を斉一化・均質化し、国民を直接国家へ結びつけようとするものだったのである。設置基準がいうところの「部落」や「町内会」は、単にそのための回路にすぎない。

銃後奉公会が地域の共同性を可能な限り排除しようとしていたことは、一九四〇年一月、厚生省が地方長官に対する通牒のなかで、「銃後奉公会連合会は成るべく設置せざること」を指示していることにもあきらかである。それは、地方が市町村の銃後奉公会に対する「全般的指導監督並ニ統制」(「設置標準」)を行うためには、中間団体を排除しなくてはならなかったことによる。したがってこの方針は、一九四二年六月に府県行政における戦時統制機能のいっそうの強化を目的として、地方官官制の一部改正によって地方事務所が設置されると一転して反故にされ、「地方事務所単位に銃後奉公会連合会を設置することに改」められたのであった(『日本社会事業年鑑』昭和一八年版)。

会員をめぐり

この銃後奉公会が、一九三四年の六五議会以来四度にわたって議会に提出された護国共同組合法案の「趣旨」を取り入れたものであったことは、すでに指摘されている(佐賀朝「日中戦争期における軍事援護事業の展開」、一ノ瀬俊也「兵役義務負担の公平化問題と『護国共済組合』構想」)。その事業は、一九三八年三月の第七三議会に提出された護国共同組合法案にみれば、「組合員又は組合員の家族にして現役に服し又は召集せられたる者あるときは、所定の共同金を交付し、及び家事家業の援助を為す」ことにあった(上平前掲書)。したがって組合の事業それ自体は、むしろ軍事援護事業に包含されるもので、とりたてて継承されるべきものではなかった。銃後奉公会の兵役義務服行準備事業とは、餞別金贈呈、軍服類支給、旅費支給、その他からなるからである。したがってこの時期、護国共同組合法案が国家の採用するところとなったのは、その「趣旨」を取り入れることで、銃後奉公会を全世帯主の会員組織=国民組織とし、かつ平戦両時を通じた恒久施設となしうるという、まさにその点にこそあった。とりわけ前者は、銃後奉公会を場として「国民の隣保相扶」を構築し、戦争への動員装置たらしめるためには不可欠であったからである。

しかし一方、護国共同組合が全戸主を会員たらしめることが可能だったのは、一律低額の会費にあった。それは、右の組合の事業にも担保されていたはずである。だがその事業は、銃後奉公会にあっては一部の事業にすぎない。したがって現実には、「応分の会費」もしくは一律の会費を寄付金等で補わなければならないのは必然であった。

銃後奉公会の財源全体に占める会費の比率は、一九四〇年度予算にみる市区と町村の比較においてみれば、会員の資力の差が直接反映された結果として、市区が四七・六％を占めているのに対し、町村は三三・〇％であった。したがって農村部ではおもに補助金と寄付金でこれを補塡しなくてはならなかった。町村では、寄付金が市区の寄付金七・四％に対し一三・五％、補助金が市区一五・五％に対し二七・五％に達している。しかも補助金は、道府県費と軍人援護会支部費による助成額が限られていたため、多くを市町村費によっていたのであった。したがって農村部では全体で七割近くの財源を何らかの形で自己負担しなくてはならなかった（『昭和十五年度軍人援護事業概要』）。全世帯を会員としたことは、このようにとくに農村部により重い負担を強いることとなったのである。

それゆえに設置当初には、福井県のように「市町村民ノ負担ノ関係ヲ考慮」し、部落協議費によって会費が賄われる例もみられたのであった（『紀元二千六百年記念全国軍人援護事業大会報告書』）。一九四〇年一月の前記厚生省通牒が「会費は成るべく全会員より徴収すること」を指示しているのも、こうした例が少なからず存在し、国家に問題視されていたことを示唆している（前掲『社会事業年鑑』）。このことは、銃後奉公会を「国民の隣保相扶」たらしめるためには、市町村内の全世帯を会員とするだけではなく、実際にこれから会費を徴収することが必須であったからにほかならない。

ところが細部をきわめた前記「設置要綱」にも、こと会員に関する規定はみあたらない。この点は、厚生省の指示等においても同様である。政府筋のものと推測される資料のなかで唯一それが確認できるのは、『恩賜財団軍人援護会例規集』に銃後奉公会の「会則」として掲げられている「銃後奉公会会則準則案」（年月日不詳）である。この準則案の第三条には、「本会ハ本市（区町村）ニ居住スル世帯主ヲ以テ組織ス」とあり、「本市（区町村）」という規定のありかたからみて、各地の準則案のもとになったものであることにほぼ間違いない。銃後奉公会をもってして「国民の隣保相扶」を装うためには、全世帯を会員とする規定まで「設置要綱」にもりこむわけにはいかなかったのである。会員は、あくまで自発的な意思にもとづくものでなければならなかった。

いわば国家は訓令、要綱、準則を巧みに使い分けることで、強制設置にほかならない銃後奉公会を「国民の隣保相扶」として演出しようとしたのであった。かかる欺瞞にみちた上からの「隣保相扶」こそが、やがて地域社会そのものを押しつぶしていく。

紀元二千六百年記念全国軍人援護事業大会

設置時の銃後奉公会をめぐる問題については、軍事保護院と恩賜財団軍人援護会が、一九四〇年一〇月三日から五日にかけて開催した紀元二千六百年記念全国軍人援護事業大会の協議内容によって知ることができる。この大会は、道府県および市区町村吏員、軍人援護会・銃後奉公会関係者、方面委員など社会事業関係者など地域の実務担当者九九八名を招集し、開催されたもので、第一部協議会から第五部協議会および特別委員会からなり、それぞれ「国民教化ニ関スル事項」「一般軍人援護ニ関スル事項」「遺族援護ニ関スル事項」「傷痍軍人保護ニ関スル事項」「銃後奉公会其ノ他軍人援護団体ニ関スル事項」「厚生大臣諮問ニ対スル答申ニ関スル事項」を協議した。「国民教化」が第一部会に設定されている点に、この時期の軍事援護をめぐる問題が集約されていよう。

「軍人援護ノ強化徹底」をはかる具体策を問うた厚生大臣の諮問に応えるべきこの大会は、しかしながら、援護をめぐるさまざまな矛盾を露呈させる結果となった。このことは、愛媛県の特別委員会委員（県属）が、「軍人援護精神ヲ昂揚セシムル前ニ、私共地方ノ指導ニ付テ聊カ迷ツテ居ル点ガアリマス」として、次のように発言しているように、そもそも昂揚すべき軍人援護精神なるものが、一体いかなるものなのかさえ、現場には浸透していなかったからにほかならない（『紀元二千六百年記念全国軍人援護事業大会報告書』）。

今日軍人援護ノ指導精神ハ、私共ノ見タ所デハ二ツニ分レテ居ルヤウニ思ツテ居リマス。先ヅ軍事扶助法ヲ中心トシタ有ユル説明ヲ読ンデ見マスト、軍事扶助法ハ軍事援護ノ中軸ニナルモノデアツテ、是ハ出征軍人ヲシテ後顧ノ憂ナカラシメル為ニ政府ガ其ノ生活ヲ保証スルノダ。即チ軍事援護ハ政府ガスルノダト云フヤウニドウモ解釈サレマス。今度ハ他ノ方面カラ最近非常ニ喧マシク言ハレル指導精神ナルモノハ、アクマデモ隣保相扶ノ道義ニ基イテ近隣郷党相携へテ勇士ノ家ヲ護ツテ行カウ……詰リ政府ガヤルノカ、近隣郷党ノ者ガ隣保相扶デヤルノカ、二ツノ意味ガアルヤウニ思ツテ居リマス

このように政府による「隣保相扶」の強調も、地域の援護活動に混乱をもたらしていたのである。しかも「隣保相扶」それ自体、「動モスルト、是ハ対立的ノ考ヲ持マシテ、ドウシテモ反対給付ヲ受ケルヤウナ思想ニナリ易イ」（第一部会・山形県嘱託）というように、国費扶助拡大による扶助を権利視する風潮に蚕食されていたのであった。

しかし、とりわけ現場で援護活動を行う者を動揺させたのは、遺族家族に対する規制の強化であった。兵庫県社会事業主事は、「私共従来ハ……遺家族或ハ傷痍軍人ニ対シテハ極力銃後ノ一員トシテノ努ヲ十分ニ果スヤウニト云フ一方、一般国民ニ対シテハ徹底的ハ《ママ》遮二無二此ノ援護ニ対シテ十分力ヲ尽スヤウニ二元的ナ取扱ヲシテ来タ」としつつ、次のように語っている。なお資料中、「次官会議ノ議決」とは、一九四〇年八月、すでにみた「傷痍軍人、帰郷軍人、軍人ノ遺族家族ハ銃後ノ国民トシテ其ノ本分ヲ遂行シ、以テ皇恩ノ万一ニ応へ奉ルノ覚悟ヲ新ニスルコト」との主要事項をもりこんだ銃後奉公運動の大綱をさす。

是ハ私共関係ノナイ者カラ考へタ程度デハ到底割切レナイ遺族ノ心理状態ガアル。傷痍軍人デモサウデス。或ハ家族デモサウデス。アノ家ハ国家カラ補助ヲ受ケテブラブラシテ居ルト云フヤウナコトヲヨク

聞クノデアリマス……ソレガ為ニ今度ノ次官会議ノ議決ニ依リアア云フモノガ昂揚サレマスト、吾々ガ従来ヤツテ来タコトト非常ニ違ツテ来テ、町村ノ色々ナ会合ニ出テ見マスト、モウ軍人ノ遺族デモ、家族デモ人ニ頼ツテ居ツテハイカヌト云フコトヲ盛ニ幹部ガ強調シテ居リマス。段々其ノ点ハ強クナツテ来テ居ル。殊ニ中央デサウ云フヤウナコトガ次官会議ノ決議ダナント云フコトニナルト、是ハ相当一般ノ町村ノ指導者ノ頭ニ拍車ヲ掛ケルモノガアルヂヤナイカ

この発言からは、次官会議の議決が援護に動揺をもたらしたことをしめすとともに、軍人遺家族や傷痍軍人に対する周囲の嫉視をうかがわせる。それだけに国家による規制の強化が、現場をして援護を抑制する方向へ向かわせるのは必然であった。

国費扶助の拡大が、決して被扶助者個々の「生活困難」を克服するものでなかったことは、すでに佐賀前掲論文ほかが指摘するところである。扶助費は、支給限度額と被扶助者の収支の差額を支給する方法がとられていた。しかもその限度額は、一九三八年四月現在の東京市を例にとると、一カ月一人あたり一八円にすぎず、方面委員令によって「現在辛うじて生活し得るも一朝事故に遭遇するときは忽ち生活不能に陥る虞のある者」と認められる第二種要保護世帯の生活標準一カ月一人あたり二五円をはるかに下回り、かつ戦時インフレの急速な進行によってその実質的価値を年々減少させていたのである（上平前掲書）。したがって被扶助者は、その収入如何にかかわらず、等しく「生活困難」な状況におかれたのであった。扶助法の運用が戦前のそれと異なったのは、被扶助者の増加や支給限度額の引き上げによって予算不足が生じた場合でも、

予備金の設定と追加予算によって被扶助者数の増加を抑制しない措置がとられたことだけである（『昭和財政史』第三巻）。

しかし扶助法の支給限度額の低さは、一方で各種免税措置や配給のさいの優先措置など被扶助者に対するさまざまな「優遇措置」を必然化させるから、一見、軍人遺家族が「国家の手厚い保護」の下にあるかのごとく思わせる構造になっていた。それだけに民衆にとっては、統制経済に端的なように負担の平準化にほかならない戦時体制の下で、遺家族のみが国家により救済の手をさしのべられることへの割り切れぬ思いが生じるのも必然であった。

結局この問題は、被扶助者の権利を否定し、その「名誉」のみを強調して扶助を拡大したことに最大の問題があった。軍人遺家族に「矜持」を、国民に「感謝と尊敬」を一方的に要求する国家の姿勢が、相互不信を生みだし、銃後に亀裂をもたらしたのである。

隣保班の設置

指導方針の動揺は、「曩ニ或ル府県カラ茨城県ニ銃後奉公会ノ指導方針ニ付テノ何カ案ガアツタナラバ知ラシテ呉レト云フ依頼ガアツタノデアリマスガ、此ノ依頼ガ参リマスト数日ヲ出デナイデ内容ガ全然同ジ照会ガアツタノハ実ニ十指ヲ以テ数ヘル程デアツタノデアリマス」（第五部会・茨城県）との発言に端的なように、銃後奉公会でも同様であった。このことは、国家の統制が「上カラ指図ガ来タカラ斯ウヤルト云フコトニナッテ来タ結果、今茲ニ衰退ヲ見ツツアルヤウナ気持ガ見エマス」（第一部会・京都府）というように、地域社会の自発的な援護を沈滞化させたことによる。国家が統制を強化すればするほど、各県とも横並びの姿勢をとらざるをえなくなるからである。

おもに銃後奉公会の問題を扱った第五部会および特別委員会では、人と金および機構、とくに下部組織＝隣保班の設置に議論が集中した。このことは、厚生大臣の諮問事項に対する意見のなかで、銃後奉公会への専任職員設置とその経費に対する国家助成を挙げたのが北海道、大阪府および岩手、千葉、静岡、愛知、福井、奈良、和歌山、広島、香川、愛媛、高知、大分、鹿児島、鳥取の一四県、隣保班の設置を挙げたのが東京、京都、宮城、山形、静岡、愛知、福井、兵庫、岡山、大分、宮崎の二府九県におよんだことからも理解できる。前者の問題に即していえば、「能力ノ飽和状態」（第五部会・石川県）「人員ガ払底」（同・千葉県）といった言葉に端的なように、戦争の開始と戦時体制への移行にともない、兵事事務をはじめとする国政委任事務など機関委任事務量の飛躍的増加が、町村役場をおそっていたことにつきる。それゆえに銃後奉公会は、「色々ノ仕事ヲ与ヘテ、仕事ニ依ツテ銃後奉公会ヲ強化サセヨウトシマシテモ、頭バカリ大キクテ足ガ之ニ伴ハ」ず、「実際ニマダマダ設立シタト云フ名バカリデアツテ、実際ニ其ノ内容ハ成ツテ居ラヌ」（第五部会・茨城県）実情にあったのである。それだけに奉公会事務を専門に取り扱う専任職員の設置と、これへの国庫の助成は、銃後奉公会の活動を軌道に乗せる上で必須の条件であった。翌年、軍事保護院は各奉公会へ専任職員設置のための国庫助成を行う（一ノ瀬俊也「軍事援護と銃後奉公会」）。

これに対し隣保班の設置は、とくに国民教化網の問題とかかわり、少国民に対する軍人援護教育とともに重視されていた。無論、この問題は、すでに前月、国民精神総動員運動の実践網の整備を徹底させるため、内務省から「部落会町内会等整備要領」が出されたことをふまえての議論であった。

ただしこの時点では、隣保班の設置は、埼玉県など方面委員の積極的活用とともに、「軍人援護ノ徹底」をはかる方向でこれを利用しようとする意見が大勢を占めていた。この点、国家の目指す方向を、当の国家以上に自覚的にとらえていたのは、特別委員会における山形県・社会課長の次なる発言であったろう。

現代ニ於キマシテハ国家ガ中心トナッテ色々ノ施設ヲ講ジラレテ居リマスルケレドモ、其ノ根本精神ハ隣保相扶ノ精神ニ依ルニアルト云フコトハ申上ゲルマデモナイノデアリマシテ、其ノ点カラ申シマスト私ハ何処マデモ此ノ軍人援護ノ問題ハ市町村、乃至市町村ノ銃後奉公会ヲシテヤラシムルコトガ理想デハナカラウカ……此ノ精神普及ノ為ニハ出来ルダケ部落常会ヲ利用致シマシテ此ノ軍人援護精神ト云フモノヲドウシテモ自分等ノ手デ何処マデモヤッテ行カナケレバナラヌ。ソレデドウシテモ出来ナイ場合ニハ県ナリ或ハ国ナリニヤッテ貰フト云フヤウニ仕向ケテ行ク。其ノ精神ヲ各個人個人ニ徹底的ニ把握スルヤウニ指導シテ行カナケレバナラヌ……ドウシテ［モ］今後ハ更ニ細胞組織タル町村ノ部落常会、或ハ町内会、更ニ部落常会、町内会等ニ隣保班的ノモノヲ組織致シマシテ、ソレ等ヲシテ徹底的ニ此ノ思想ノ普及ト云フコトニ努メテ行カナケレバナラヌノデハナカラウカ、斯様ニ考ヘテ居リマス

軍人援護精神の昂揚は、答申内容から推しても、軍事援護の徹底と不可分のものとして意識されていた。

しかし、やがてそれは、生産増強や食糧増産に結びつけられるように、援護主体と対象の双方に戦争への協力を強いるイデオロギーとなっていく。そもそも「軍人援護精神」自体、勅語を機に軍人精神の対句としてこの時期にわかに言説化されたのであって、その内容をいかようにも拡大解釈しうるものであったからにほかならない。そのさい町内会・部落会—隣保班は、国家の最末端組織として市区町村＝銃後奉公会に接続され、かかる軍人援護精神を国民に徹底するための「細胞組織」として利用されることとなるのである。

事業内容

銃後奉公会の具体的な事業は、餞別金類ないし兵役義務服行準備として餞別金贈呈、軍服類支給、旅費支給、その他が、軍人援護として生活援護（継続援護、一時援護）、医療、助産、生業援護、罹災者臨時援護、埋葬、その他からなる一般援護と、戦傷病死者弔慰、戦傷病者慰問、遺族家族慰問、その他からなる弔慰及慰問、および軍事援護相談、歓送迎、犒軍、公葬、祈願慰霊祭、教化指導、労力奉仕、就職斡旋職業補導、授産授職及託児などからなるその他があった。この事業細目は、各地の銃後奉公会の予算決算書の様式として一様にみられるもので、奉公会の活動が事業の細部にわたって国家から統制されていたことをしめしている。いわば奉公会の活動では、規格化・平準化された「隣保相扶」が志向されていたのであった。

表８－３は、初期銃後奉公会の事業費の内訳をしめしたものである。一九三九年度から四一年度にかけての変化は、軍事援護費にしめる一般援護費の比率が減少し、かわってその他が増加することである。市

（区）＝都市と町村＝農村の比較では、前者が一般援護と弔慰及慰問において後者をまさり、後者が兵役義務服行費とその他の援護費で前者をまさる。

これを事業細目よりみれば、都市部で最も比率の高いのは、生活援護費の二一・八%で、遺族家族慰問費一九・七%がこれに次ぎ、犒軍九・四%と続くのに対し、農村部では生活援護費と遺族家族慰問費の関係が逆転し、後者が一九・一%と最も高く、生活援護一三・二%、犒軍一一・九%と続く。とくに兵役義務服行のすべての事業細目で農村が都市を上回っていることは、町村の軍服類支給費が二・九%であるのに対し、市区が〇・七%にすぎないことに端的にしめされるように、まさしく兵役義務観念の差と、それによる在郷軍人会の組織率の差が直接反映された結果であった。またその他の援護では、軍事援護相談諸費が市区一・三%に対し町村四・一%、祈願慰霊祭が同じく〇・三八%に対し三・三一%、慰問が九・四%に対し一一・九%、歓送迎が三・七%に対し五・三%というように、人間関係の物的・精神的結合の違いから精神的援護にあたる事業細目の比率が農村部において高いことがわかる。これに対し、公葬と戦傷病死者弔慰金の合計が、市区が一二・九%と町村の七・一%を上回っているのは、それが物質的な援護にほかならなかったことをしめしている。なおその他の事業細目中、労力奉仕の全体にしめる事業比率が市区〇・五%に対し町村

b／a (%)	c／a (%)	d／a (%)	e／a (%)
8.29	27.26	33.30	31.10
8.35	18.72	28.48	44.45
8.36	19.49	30.13	42.08
5.54	29.56	31.23	33.67
9.71	23.08	28.61	38.60
8.26	25.33	29.52	36.88

表８－３　銃後奉公会の事業費日全国

区　　分		a）事業費総　額	b）餞　別金　類	軍人援護費		
				c）一　般援護費	d）弔慰及慰　問	e）その他
39年度予算		16,362,296	1,356,589	4,460,455	5,448,335	5,087,917
40年度事業成績		17,074,897	1,426,116	3,196,200	4,862,950	7,589,613
41年度事業成績		21,319,416	1,781,515	4,154,326	6,422,929	8,970,646
40年度予算	市区	8,495,905	470,586	2,511,667	2,653,057	2,860,595
	町村	15,924,947	1,546,223	3,675,012	4,556,792	6,146,920
	合計	24,420,852	2,016,809	6,186,679	7,209,849	9,007,515

註・39年度予算は秋田・兵庫・奈良・和歌山・鳥取・宮崎の各県を、40年事業成績は秋田・福島・栃木・長野・三重・大阪・福岡の７府県を含まず
・餞別金類とは兵役義務服行費を指す
典拠：40年度予算は『昭和十五年度軍人援護事業概要』、その他は各年『日本社会事業年鑑』

三・六％であるのは、のちの勤労動員などとともに、むしろこの時期農村部において兵力動員や都市への人口流出等によって共同体の相互扶助機能が低下していた結果であったといえよう。

こうした銃後奉公会の事業を考えるさい、忘れてはならないのは、同会が軍事援護事業については、各道府県に設置された恩賜財団軍人援護会支会の下部組織としての役割を担っていたことである。したがって一般援護費の増減は、一九四〇年から四一年にかけての予・後備役の復員・再召集という兵力動員のありかたにもかかわっているものの、基本的には戦争当初より市町村レベルで行われていた一般軍事援護が、恩賜財団軍人援護会の事業に吸収される過程をしめしたものであったと考える。このことは、『関城町史』『上越市史』『豊田市戦時関係資料集』におさめられた村単位の銃後奉公会の活動費によっても確認しうる。一般生活援護は、愛知県東加茂郡松平村、同高岡村、新潟県中頸郡和田村、茨城県真

表８－４　1941年度法外援護事業費

単位＝千円

事業費総額	17,765
財源別	
国庫助成金	9,950
道府県費	910
団体経費	6,805
経営主体別	
道府県	910
軍人援護会支部	7,631
銃後奉公会	7,880
愛国婦人会支部	297
済生会支部	500
社会事業協会	365
日本赤十字社支部	90
その他	92

典拠：『日本社会事業年鑑』昭和18年版

壁郡河内村の各銃後奉公会のうち、河内村を除けば、予算上の措置はともかくとしてほとんど行われていないに等しい。

国庫の助成の対象となる法外援護事業とは、①軍事扶助法に準じて援護を要する者の援護、②軍事扶助法に依る扶助開始前の応急的援護、③小商工業者または小農山漁家等に対する援護、④家族遺族等の精神援護、⑤その他軍事扶助法による扶助のおよばない一切の援護で、その活用にあたっては生業扶助を重視すべきとされた（青木前掲書）。この助成は本来、道府県が軍事扶助地方委員会と協議、立案される事業計画にもとづき法外援護を行うためのものであったが、恩賜財団軍人援護会の設立後、政府の指導によってそのほとんどが同会に、一部が同会を経由するか、道府県から直接銃後奉公会に流れる構造になっていたのである（表８－４）。ただし銃後奉公会への国庫の助成は、専任職員の設置と、弔慰及慰問費に限り行われた（一ノ瀬俊也「軍事援護と銃後奉公会」）。したがって④の一部を除き、そのほとんどが軍人援護会への補助となったのである。

その理由は、軍事保護院の一官僚による次なる発言につきている（『紀元二千六百年記念全国軍人援護事業大会報告書』）。

此ノ金〔国庫助成金〕ハ当該府県知事ヲシテ軍事扶助法ニ該当シナイモノニ対シマスル援護ヲヤラシメル為ニ出シテ居ル金デアリマス……出来ル限リ是ハ原則的ニ軍人援護会支部ニ其ノ金ヲ通シテ、サウシテ支部ヲシテ此ノ仕事ヲヤラシテ呉レト云フコトヲ指導致シテ居リマス……ガ、保護院ト致シマシテハ出来ルダケ此ノ金ハ援護会支部ヲ通ジテヤル。随テ援護会支部ヲ通ジテ其ノ他ノ団体ニ対スル事業ノ助成ヲヤラシメル……政府ノ方針ガ軍事援護団体ヲ単一化シヨウ、統合化シヨウ、事業ヲ統制化シヨウ、此ノ考ヘ方カラ出発致シマシテ、ワザワザ二重ノ手数ヲ取ラシテ居ルノデアリマス。

無論初期には、「併シナガラ未ダ県ニ依リマスト援護会支部ヲ通ジテヤラナイデ、府県自ラガヤッテ居ル府県モアルノデアリマス」というように、政府の指導が徹底せず、府県独自の判断で補助金の配布が行われたため、銃後奉公会が一般生活援護を行う例も多々みられたのであった。したがって弔慰及慰問費に限り銃後奉公会に国庫の助成がなされたのは、軍人遺家族に対する「家庭強化」が重視されるとともに、この指導の徹底にほかならなかった。もっとも都市部では、物的な援護が志向され、かつ独自財源の豊かであったことから、一般援護が継続されたと推測される。

軍事援護会が一般生活援護を担当した理由は二つあった。第一は、軍人援護会が銃後奉公会を除けば独自の下部組織をもたないという現実的な理由による。軍人援護会には、銃後奉公会の事業のうち、弔慰及慰問、その他の援護については、助成はできても自らが手がけることは不可能であった。しかし、それ以上に、金銭的援護は、天皇の恩賜によらなくてはならなかったというのが、第二の理由である。それは「義勇奉公ノ

表8－5　軍事扶助率

年度	a）陸海軍兵員数	b）扶助戸数	扶助人員	金　額	b／a	一世帯月額	一人月額
	人	戸	人	円	%	円 銭	円 銭
1936	557,461	34,857	115,721	2,968,837	20.75	7.10	2.14
1937	1,064,031	371,654	1,357,557	33,917,917	34.92	7.61	2.08
1938	1,289,133	562,957	2,107,327	84,691,750	43.66	12.54	3.35
1939	1,420,098	574,948	2,077,792	79,065,205	40.48	11.46	3.17
1940	1,573,173	432,302	1,582,113	57,899,680	27.47	11.16	3.05
1941	2,411,359	495,660	1,807,994	72,384,384	20.55	12.17	3.34
1942	2,829,368	−	−	−	−	−	−
1943	3,608,159	541,694	1,977,185	100,837,433	15.01	15.51	4.25
1944	5,395,125	679,659	2,480,756	155,578,507	12.59	19.08	5.23
1945	7,165,623	816,318	2,979,562	227,709,611	11.39	23.25	6.37

註・陸軍兵員数は36年度が37年７月、45年度が敗戦持、他は年末、海軍兵員数は45年度が敗戦時、他は年末

典拠：陸海軍兵員数は陸軍は敗戦時のみ『戦史叢書陸軍軍戦備』、他は『支那事変大東亜戦争間動員概史』、海軍は『戦史叢書海軍軍戦備（２）』、軍事扶助関係は1943年以降が吉田久一『現代社会事業史研究』、他は各年『日本社会事業年鑑』

精神ヲ振作スル」という銃後奉公会の目的に照らしても、必然的な選択であった。かくて国庫助成金は、恩賜財団—市町村を経て、「天皇の恩愛」として被扶助者の手に渡ったのである。

軍事扶助事務をめぐり

ただしここで注意すべきは、国費扶助であれ、軍人援護会の法外援護であれ、基本的には銃後奉公会長を兼務する市（区）町村長が補助機関とされていた点である。したがって銃後奉公会の一般援護費が少ないからといって、市町村の負担過重が軽減されたわけではないのである。

町村役場の事務には、軍事援護だけみても、国政委任事務たる軍事扶助事務に、一九三九年五月の勅令「行政庁ヲシテ委嘱ニ依リ恩賜財団軍人援護会ノ事務ヲ施行セシムルノ件」により、軍人援護会の法

外援護事務が加わっていた（『恩賜財団軍人援護会例規集』）。したがっていかなる町村でも、銃後奉公会をはじめ最低三つの軍事援護事務を担当していたことになる。

このうち軍事扶助法は、一九三七年一月従来の軍事救護法を改正したもので、その主たる改正点は、第一に名称の変更、第二に傷病兵の範囲を「故意又ハ重大ナル過失ニ因ルニ非ズシテ現役中（未入営期間及帰休期間ヲ除ク）又ハ応召中傷痍ヲ受ケ又ハ疾病ニ罹リ之ガ為一種以上ノ兵役ヲ免ゼラレタル者」に、家族遺族の範囲を「同一ノ家」にある者から、扶養を受くべき者に限り、「同一ノ世帯」にまで各々拡張したこと、第三に被扶助者の資格要件を「生活スルコト能ハサル者」から「生活スルコト困難ナル者」に緩和したこと、さらに第四として、従来現役兵の退営、または下士官兵の召集解除によって即日扶助を停止していたのを改め、退営または召集解除後二〇日間以内で継続しうるようにしたことである。このうち傷病兵の範囲拡張は、満州事変後の大量徴集によって結核、胸膜炎等を原因とする除役者が増加した状況に対応しようとしたものであった。また世帯概念の導入は、家＝戸籍を異にする直系血族および兄弟姉妹、父の家に入ることができない庶子にまで被扶助者を拡大した。ただし同一世帯を構成していても、内縁の妻、私生子の救済を拒否する姿勢に変わりなく、応召者等が戸主でない場合、扶養義務が発生しない伯叔父母および甥姪も、被扶助者から除外された。さらに第三点は、第一点とともに軍事扶助法を救護法から差別化するとともに、近代日本に公的扶助の成立をもたらしたのであった。

表8－5は、同法の施行状況をしめしたものである。一九四三年以降の戸数は推計にもとづくもので、一

九三七年から四一年の一世帯当たりの家族数が最高で三・七四人、最低で三・六一人、平均三・六五人であることから、各年度の被扶助者数をこの平均家族数で割って求めたものである。三六年以前の過去五年間における一戸あたりの平均家族数が三・二八人であることは、被扶養者に限定されていたとはいえ、遺族家族を同一の世帯にある者まで拡張した軍事扶助法の制定が、実際の被扶助者数の拡大につながったことをしめす。かつ一九三七年七月一日の軍事扶助法施行を前に、軍事扶助法施行令が改正され、市町村長またはこれに準ずべき者に対し、扶助事務を補助しうることが定められ、さらに日中戦争後の一二月一日の改正で、補助機関として明確に位置づけられた。そのさい重要なことは、この改正施行令が従来、扶助を本人の申請に限っていたのを改め、住所地市町村長もしくはこれに準ずる者（＝東京・大阪・京都市の区長）の申請によって行いうるとした点である（施行令第一条）。この措置は、申請がなくとも地方長官が「必要アリト認ムルトキハ」職権を行使して扶助を行う途を開いた一九三二年の一方的給付方式の採用とともに、同月の社会局長通牒によって扶助費の限度額が引き上げられたことと相俟って、被扶助者のさらなる拡大をもたらしたのであった（『社会事業年鑑』ほか）。

陸海軍の兵員数全体にしめる被扶助世帯の比率は、日中戦争の開始によって急増し、一九三八年には四三・六六％にも達している。それは、軍が現役兵主体の常設師団の多くを対ソ戦備に温存すべく、予・後備役を主体とした特設師団を相次いで編成、動員した結果であった。厚生次官児玉政介が日中戦争期における扶助法の運用を次のように説明している（「軍事援護事業一班」）。

事変の始まりに於きましては多少急速にやりました為に、段々落着いて来るに従ひまして是正をした結果もあるのであります。併し其の大きな原因は、御承知のやうに最初は予後備の兵隊を召集して出したのでありますが、段々此の頃は予後備の兵隊を減らしまして、現役兵或は若い補充兵を召集して出して居る。此の為に非常に減つて来たのでありまして……

したがって一九四〇年における扶助率の減少は、隣保相扶の強調による扶助法運用の「是正」とともに、三九年から四〇年にかけて、こうした予・後備役兵を主体とした特設師団が現役主体のいわゆる治安師団と交替、相次いで復員したためにほかならない。かつ四一年に再び被扶助者が増加に転じるのは、再召集者を含め満州に約五〇万人の兵力を集中した関東軍特種演習と南方への動員が行われたことによる。

しかしながら一九四一年度以降、動員兵力の増大に被扶助者数が追随せず、扶助率の低下が年とともに顕著になっていく。このことは、四一年一月と四三年八月に被扶助者拡大をもたらす支給限度額の引き上げが行われ、さらに四二年一月には従来の地方長官から住所地地方事務所長、支庁長および市長を執行機関とする施行令改正によって扶助事務の迅速化がはかられたことを思えば、いっそうあきらかであるといえよう。その理由は、戦時体制が、軍需産業の拡充および戦争末期における空襲と疎開によって激しい人口移動を促したことに加え、四四年以降の動員が、防衛関連部隊や防衛召集による特設警備隊の相次ぐ編成によって比較的長期にわたって逐次行われたことに求められる。これらのしわよせは、四三年三月に食糧増産、供出、配給などの戦時政策遂行のため、市町村行政の徹底した能率化をはかるべく市制町村制が改正され、市町村への国政委任事務が「命令」で行えるようになったことと相俟って、すべて末端で兵事行政と軍事援護行政を担う市町村役場に殺到したのであった。

まさしく戦争末期における扶助率の顕著な減少は、日本の戦時体制そのものの崩壊のみならず、地域社会が国家に押しつぶされていく様を象徴的に物語っているのである。

「隣保相扶」がもたらしたもの

軍事扶助法は、救護法や母子保護法など一般救貧法規と異なり、方面委員を補助機関（調査機関）として位置づけなかった。それは、一般要保護者を取り扱う方面委員の仕事が、「名誉」ある軍人遺家族にふさわしくないとみなされたことによる。

一方、隣保班（隣組）が方面委員のような調査機関の役割を果たしえたとは到底思えない。それは、一九四二年一月二〇日、新潟県学務部長が、市町村長・市町村銃後奉公会長に「大東亜戦争ノ推移ニ鑑ミ、銃後国民ニ対シ軍人援護事業ノ趣旨ノ普及徹底ヲ図」るべく、「之カ一方法トシテ大様別紙ノ如キ隣保班単位ノ回覧板用印刷物ヲ作製配布致度」として、次のような「軍人の御家庭は先づ隣組で守りませう」と題する「回覧板用印刷物」をしめしているからである（『上越市史』別編7　兵事資料）。

◎大東亜戦争を戦ひ抜く為に前線で敢闘して居られる我忠勇なる将士の御家庭を確りと守つて差上げる事は銃後国民の最も大切な責務の一つであります。若し皆さん方の隣組に住んで居られる軍人の御家庭でいろいろな事でお困りの方がありましたら真先に皆さん方のお協力をお願致し度いと存じますが、どうしても隣組だけでは不充分だとお考へになりました場合は、軍事保護院、県庁、市町村役場や又民間でも恩賜財団軍人援護会、銃後奉公会等で援護をして差上げる事になつて居りますから一刻も早く組長さんと御相談の上お知らせ下さい。

◎申告方法

一、申告用紙は組長さんのお宅迄届けてあります。

二、申告先　銃後奉公会長

申告は、軍人遺家族自身の問題としてではなく、その家庭を守るべき隣組の「皆さん方」が「隣組だけでは不充分だとお考へになりました場合」、組長と「御相談の上」なされることになっていた。こうした申告のありかたが、さきにみた軍人援護精神の昂揚によって隣保相扶が強調されるほどに、援護を抑制する方向へ向かうのは必然であった。

佐賀前掲論文は、アジア・太平洋戦争期に入ると、遺家族等において援護を当然視する風潮が一般化する一方で、そうした権利意識の表面化がつねに周囲の監視や非難にあったことを指摘している。つけ加えるなら、周囲の非難にさらされるような行動とは、被扶助者の「権利」がつねに否定されてきた結果でもあったという点である。癈兵の恩給増額運動にみたように、人は自らの「権利」が抑圧されていると感じたとき、これを声高に主張しようとしたり、自らが「権利」をもつことを具体的な行動でしめそうとするからである。

そのさい隣組は、相互監視機能をとおし、住民の相互不信を再生産する場となっていったのであった。

このように「国民の隣保相扶」は、戦時体制の下で鬱屈した人心を隣組に媒介させ、遺家族や傷痍軍人に対する規制のみを強化したにすぎなかった。それは、戦後において傷痍軍人や遺家族をめぐる状況が一変したこととも相俟って、戦争がもたらした物的被害と同じく、むしろそれ以上に、地域社会にはかりしれない爪痕を残したのであった。

日本の近代国家は、日露戦争のさい、共同体の相互扶助機能を行政村の「隣保相扶」に拡大、再編しようとし、さらに日中戦争において、国家の上意下達機関としての市町村—町内会・部落会—隣保班（隣組）を場として銃後奉公会を組織し、「国民の隣保相扶」を創造しようとした。それが創造と呼ぶにふさわしいものであったことは、『内務省史』（第二巻）が、町内会・部落会の設置について「ただ戦争に奉仕することを企図したものであるという批判がある」ことに対し、その意図を次のように述べて反論しているからである。

地方自治を充実してゆくには、市町村というような大きな区域だけでは不充分で、その内部に、地域的な住民の自主的な共同組織が必要であることを認識していたからであった

ここでは、内務省が地方改良運動や、町内会・部落会の設置によってムラの解体をつねに目指してきた歴史については問わない。ただ、「地域的な住民の自主的な共同組織」を当の住民の意思によってでなく、自らが「整備」「指導」することに、いささかも不審を抱かないのは、思い上がり以外の何物でもなかろう。

まさしく日本の近代国家が営んだ「隣保相扶」の歴史は、低生産力の下で生産を維持し、生活を守ろうと

する人類の知恵としての相互扶助を、共同体規制とともに戦争目的のために利用しようとし、やがて傲慢にも自らの手でそれを創造しようと試みて失敗した歴史にほかならない。

だから私は、「隣保相扶」を「伝統」と称する内務官僚らに与することはできない。「伝統」は、彼らの手によって断ち切られたのであった。

参考文献

・法令全書、帝国議会速記録、社会事業年鑑、日本帝国統計年鑑など刊行資料は省略した。
・埼玉県文書館所蔵の埼玉県行政文書については本文中の簿冊請求記号を参照。

〈刊本〉

青木大吾『軍事援護の理論と実際』南郊社、一九四〇年
池田敬正『日本社会福祉史』法律文化社、一九八六年
井口和起『日本帝国主義の形成と東アジア』名著刊行会、二〇〇〇年
井上友一『救済制度要義』昭森社、一九三六年　※一九〇九年原刊
遠藤芳信『近代日本軍隊教育史研究』青木書店、一九九四年
大江志乃夫『日露戦争の軍事史的研究』岩波書店、一九七六年
大江志乃夫『戦争と民衆の社会史』徳間書店、一九七九年
大江志乃夫『徴兵制』岩波書店、一九八一年
大江志乃夫『兵士たちの日露戦争―五〇〇通の軍事郵便から―』朝日新聞社、一九八八年
大濱徹也『乃木希典』河出書房新社、一九八八年
大濱徹也『庶民のみた日清・日露戦争―帝国への歩み―』刀水書房、二〇〇三年
大濱徹也編『兵士』近代民衆の記録8、新人物往来社　一九七八年
大濱徹也編『戦争の記録』20世紀フォトドキュメント　第10巻　ぎょうせい、一九九二年
大濱徹也・小沢郁郎編『改訂版　帝国陸海軍事典』同成社、一九九五年
大霞会『内務省史』第2巻、原書房、一九八一年

岡義武『山県有朋』岩波書店、一九五八年
金太仁作『軍事救護法ト武藤山治』国民会館公民講座部、一九三五年
熊谷辰治郎編『田子一民』「田子一民」編纂会、一九七〇年
甲賀春一編『本庄総裁と軍事保護院』青州会、一九六一年
信夫清三郎『日本政治史Ⅱ　天皇制の成立』南窓社、一九八〇年
上平正治『軍事援護事業概要』常磐書房、一九三九年
戦時下の小田原地方を記録する会『撃ちぬかれた本』夢工房、一九九五年
戦時下の小田原地方を記録する会『市民が語る小田原地方の戦争』夢工房、二〇〇〇年
総理府恩給局『恩給制度史』一九六四年
蔵田蔵編『凡夫の菩薩　後藤幾太郎』甲子社書房、一九三三年
田子一民・山崎巌『田子一民・山崎巌』社会福祉古典叢書5、鳳書房、一九八二年
内藤稠彦編『社団法人大阪保誉院記念帖』大阪保誉院清算事務所、一九三五年
中井良太郎『通俗逐条講話　兵役法詳解』織田書店、一九二八年
原暉之『シベリア出兵―革命と干渉 1917-1922―』筑摩書房、一九八九年
古川春一編『本庄総裁と軍事保護院』青州会、一九六一年
牧村進・辻村泰男『新版傷痍軍人勤労輔導』〈労務管理全書第20巻〉東洋書舗、一九四五年
升田憲元『最新　兵役税論　全―一名　兵役の神髄―』東京堂書店、一九一三年
山崎巌『救貧法制要義』良書普及会、一九三一年
吉田久一『現代社会事業史研究』勁草書房、一九七九年
吉富滋『軍事援護制度の実際』山海堂出版部、一九三八年

〈論文〉
飯塚一幸「日清・日露戦争と農村社会」井口和起編『近代日本の軌跡3　日清・日露戦争』吉川弘文館、一九九四年
一ノ瀬俊也「兵役義務負担の公平化問題と『護国共済組合』構想」『九州史学』第一一二号、一九九五年六月
一ノ瀬俊也「第一次大戦後の陸軍と兵役税導入論」『日本歴史』第六一四号、一九九九年七月
一ノ瀬俊也「軍事援護と銃後奉公会」『日本歴史』第六二七号、二〇〇〇年八月
一ノ瀬俊也「日露戦後の民間における軍事救護拡充論の展開」『国立歴史民俗博物館研究報告』第九〇集、二〇〇一年
井上弘「傷痍軍人の戦後―国立療養所箱根病院西病棟の傷痍軍人―」『小田原地方史研究』第21号　二〇〇〇年一二月
井上弘・矢野慎一「軍人の療養地としての地域―アジア太平洋戦争下の箱根―」（上山和雄編『帝都と軍隊地域と民衆の視点から』日本経済評論社、二〇〇二年）所収
加瀬和俊「兵役と失業―昭和恐慌期における対応策と性格―（一）（二）」『社会科学研究』第四四号巻第三・四号、一九九二・九三年
北泊謙太郎「日露戦争中の出征軍人家族援護に関する一考察―下士兵卒家族救助令との関わりにおいて―」『待兼山論叢』第33号　1999　史学篇、二〇〇〇年
郡司淳「偕行社義済会の設立と活動―『大正デモクラシー』下の『法外』援護団体―」『日本歴史』第五五〇号、一九九四年三月
郡司淳「軍事救護法の成立と陸軍」『日本史研究』第三九七号、一九九五年九月
郡司淳「総力戦期の軍動員」（『板橋の平和―戦争と板橋　語りつぐ苦難の日々―』板橋区郷土資料館、一九九五年）所収
郡司淳「軍事救護法の受容をめぐる軍と兵士」『歴史人類』第二五号、一九九七年三月
郡司淳「軍人の政治化―在郷将校をめぐる軍事と政治―」（大濱徹也編『国民国家の構図』雄山閣出版、一九九九年）所収
佐賀朝「日中戦争期における軍事援護事業の展開」『日本史研究』第三八五号、一九九四年九月
白石弘之「日清戦争下の出征兵士家族救助活動―東京市の場合―」（上山和雄前掲編書）所収

利谷信義「戦時体制と家族―国家総動員体制における家族政策と家族法―」(福島正夫編『家族 政策と法 6近代日本の家族政策と法』東京大学出版会、一九八四年)所収
檜山幸夫「日清戦争と民衆」(同編『近代日本の形成と日清戦争―戦争の社会史―』雄山閣出版、二〇〇一年)所収
矢野慎一「傷痍軍人療養所の歴史―特に箱根療養所を中心として」『小田原地方史研究』第二〇号、一九九七年六月
山村睦夫「帝国軍人援護会と日露戦時軍事援護活動」『日本史研究』第三五八号、一九九二年六月
山本和重「満州事変期の労働者統合―軍事救護問題について―」『大原社会問題研究所雑誌』三七二、一九八九年一一月
吉田裕「日本の軍隊」(『岩波講座日本通史』第一七巻 近代2、岩波書店、一九九四年)所収
吉田裕「日本帝国主義のシベリア干渉戦争―前線と国内状況との関連で―」『歴史学研究』№四九〇、一九八一年
吉田裕「昭和恐慌期の社会情勢と軍部」『日本史研究』第二一九号、一九八〇年一一月

〈自治体史〉
『大田区史』民俗編　一九八三年
『大田区史』下巻　一九九六年
『新編埼玉県史』通史編5 近代1 一九八八年
『新編埼玉県史』資料編19 近代・現代1 政治・行政1　一九八三年
『関城町史』資料編Ⅱ 戦時生活資料　一九八五年
『上越市史』別編7 兵事資料　二〇〇〇年
『東京百年史』第三巻　一九七九年
『豊田市戦時関係資料集』第四巻 行政文書編一　一九八八年

〈内部資料〉
第一師団司令部『大正十四年三月 徴兵事務の大意(陸軍省軍務局課員中井少佐講話)』

傷痍軍人保護対策審議会『傷痍軍人保護対策審議会議事録』第一輯　一九三八年
厚生省臨時軍事援護部『軍事援護事業概要』一九三八年
大阪市役所『軍事援護事務』一九四〇年
軍事保護院・恩賜財団軍人援護会『紀元二千六百年記念全国軍人援護事業大会報告書（自昭和十五年十月三日　至昭和十五年十月五日）』
恩賜財団軍人援護会『恩賜財団軍人援護会例規集』一九四一年
軍人保護院『昭和十五年度軍人援護事業概要』一九四二年

〈未刊行資料〉
外務省外交資料館
　軍事援護事業の一班　「本邦対内啓発関係雑件　講演関係　日本外交協会講演集　第八巻」
国立公文書館
　下士兵卒家族救助令ヲ定ム　「公文類聚　第二十八編　明治三十七年・第十九巻」
　陸軍省「明治四十一年以降　徴兵検査諸統計図表」「昭和九年　公文雑纂　巻二十二」
　『東京府管下時局状況一班』（内閣文庫所蔵）
東京都公文書館　※［　］を付した資料は筆者が便宜上つけた表題
　下士兵卒家族救助令施行手続制定ノ件伺、国費救助ニ関シ通牒案、国費救助ニ関シ通牒案（東京府訓令乙第七七号）
　「明治三十八年文書類纂」・626―C7―15
　軍人家族救護団体監督ニ関スル通牒案、通牒案　「明治卅七年　文書類纂　雑款」626―C2―25
　［北豊島郡復命書］、［神田区ほか復命書］、［麹町区ほか復命書］、［京橋区ほか復命書］、［南多摩郡復命書］　「明治三十八年　文書類纂　文書」・627―A3―2
　［西多摩郡復命書］、［荏原郡復命書］、［南葛飾郡復命書］、［南足立郡復命書］　「明治三十八年　文書類纂　文書」・627

—A3—3

［北多摩郡復命書］、［豊多摩郡復命書］　「明治三十八年　文書類纂　文書」・627—A3—4

防衛庁防衛研究所図書館

下士兵卒家族救護方ニ関スル件　「明治三十七年四月従十六日至三十日　満大日記」

本邦癈兵制度ニ関スル件　「昭和二年甲第三類　永存書類」

癈兵院設立ニ関スル件　「明治三十九年三月　満大日記　上」

皇后陛下癈兵院へ行啓ノ件　「大正七年乙輯第一類　永存書類」

癈兵院庭園改築並維持ニ関スル件　「大正六年乙輯第二類第三冊　永存書類」

兵営内ニ畳ヲ使用セサル件　「大正三年甲輯第一二類　永存書類」

癈兵院附属地使用願ノ件　「大正九年乙輯第二類第二冊　永存書類」

癈兵院附属地貸付方ノ件　「大正十年乙輯第二類第一冊　永存書類」

癈兵院付属地使用願ノ件　「大正十一年乙輯第二類第一冊　永存書類」

行政整理案ニ関スル件　「大正十二年六冊ノ内第一冊　密大日記」

癈兵谷田志摩生一派ノ内訌ノ件、新潟残櫻会開催ニ関スル件、大阪協会ノ態度ニ関スル件　「大正十二年　公文備考　巻五　官職五」

癈兵団設立ノ件　「大正一〇年六冊ノ内第六冊　密大日記」

増加恩給受給者の待遇に関する件　「大正十三年甲輯第三類　永存書類」

軍人傷痍記章所有者心得配布ノ件　「大正五年甲輯第一類　永存書類」

軍人傷痍記章授与ノ精神普及ニ関スル件　「大正八年甲輯第一類　永存書類」

癈兵ノ行動ニ関スル件通牒　「大正八年甲輯第三類　永存書類」

「兵役義務者及対癈兵待遇審議会答申」（「自昭和五年一月至同六年十二月　來翰綴（陸普）第一部」書類送付の件）所収

『大正十五年五月 不具者再教育機関 財団法人同潤啓成社事業要覧』（「大正十五年甲輯第三類　永存書類」財団法人同潤会同潤啓成社ニ負傷廃疾者収容ニ関スル件）所収
帰還兵ノ思想及言動ニ関スル件　「大正九年十月 西密受大日記」
出征応召軍人家族後援救護ニ関スル件報告　「大正七年九月 西受大日記」
「自大正七年至同十一年 西伯利出兵時ニ於ケル憲兵報告」 ※典拠の詳細は拙稿「軍事救護法の受容をめぐる軍と兵士」を参照
団隊長会同席上田中会老口演要旨　「大正十三年 公文備考 巻四 官職四」
諸意見提出ノ件　「昭和三年五冊ノ内三冊 密大日記」
応召家族扶助ニ関スル件　「昭和十二年甲第三類 永存書類」
軍事扶助事業統制ニ関スル件　「昭和九年甲第三類 永存書類」

あとがき

書き終えて、やり残したことの多さばかりが、目につく。わけても、廢兵に対する社会の眼差しをきちんと書くことができなかったのが、心残りである。読み返してみて、廢兵の「隔離」が、国家だけの問題であったかのような印象を受ける。なぜに廢兵が故郷を捨てて行商に出なければならなかったのか、という問題は、経済的理由だけでは解きえぬ問題で、今後の課題である。

それにしても資料を読み進むにつけ、廢兵の生き生きとした姿には驚かされた。同時に、そうした自分に、克服すべきものがあることを思い知らされた。

忘れえぬ逸話がある。今回は描ききれなかったが、矢野慎一氏の論文「傷痍軍人療養所の歴史」には、本文でふれた八甲田山遭難者について、次のような記述がみられる。

八甲田山事件の生還者の一人に小原忠三郎さんという方がおられる。小原さんは凍傷によって両足首と手指の大部分を失ったが、この箱根療養所で長く療養生活を送られ、一九七〇年（昭和四五）二月に亡くなられた。八甲田山事件を語る最後の生き証人であった。箱根療養所では、巣鴨から移された『恩賜の鶴』を大切にしていたなどの逸話が残っている。

この逸話に何を感じるかで、歴史を研究する者の感覚の違いがはかれるような気がする。私は、この廃兵が戦後四半世紀を生き、九〇歳の「天寿」を全うしたことに言いしれぬ感動を覚えるとともに、その彼が『恩賜の鶴』を大切にしていた」という事実に、今更ながらに衝撃を受けた。これから、この逸話が語る世界について解き明かしていきたい。

なお付言すれば、歴史の闇に閉ざされた移転後の傷兵院の歴史があきらかになったのは、この矢野氏の論文や井上弘氏の論文、さらには「戦時下の小田原を研究する会」が行った関係者に対する聞き取り調査によってである。とくにはじめての癈兵院小史ともいうべき矢野氏の論文には学ぶところ大であった。

直立歩行も、言葉をものにするのも、私は人一倍遅かったらしい。大学、大学院と各浪人し、「各駅停車」と慨嘆された。思い余った父に「勘当」を申し渡され、家を追われたこともある。大学院を満期中退して世に出てからも、いっこうに勉学がはかどらず、気がついたらとうに四十を越していた。それでも、どうにかこうにかやってこられたのは、良き師、良き友にめぐりあえたからにほかならない。

故福地重孝先生には、日本大学・大学院をとおして御指導いただいた。大学院入試に失敗して途方に暮れていた私に、励ましのお言葉をかけていただいたことは、忘れえぬ思い出である。先生に救っていただかなかったら、現在の自分はなかったと思っている。何ら成果をお見せできないままに、先生を亡くし、内心忸怩たるものがあった。

現在まで、歴史の勉強を続けてこられたのは、北海学園大学教授・大濱徹也先生の御指導と御寛容の精神に負うところが大きい。卒業論文の口頭試問で、先生に「歴史にならなかったな」と言われ、意味がわからず、帰りがけにＥ・Ｈ・カーの『歴史とは何か』を買い求めたぐらいだから、何をか言わんやである。今回、出版の機会を与えてくださったのも、先生の御配慮による。この場を借りて御礼申し上げる。

思えば、軍事援護なるものの存在を知ったのも、『軍国日本の形成』『乃木希典』『明治の墓標』といった両先生の御著書をとおしてであった。私はやはり恵まれていたのである。

両先生の学恩に報いるに、あまりにささやかな成果であるが、今後の糧だけは得ることができたと考えている。

二〇〇三年一〇月四日

郡司　淳

軍事援護《ぐんじえんご》の世界《せかい》

——軍隊と地域社会——

著者略歴

郡司　淳（ぐんし・じゅん）

1960年　東京都生まれ

1990年　日本大学大学院文学研究科博士後期課程日本史専攻単位取得退学

現　在　日本大学工学部・目白大学人文学部非常勤講師

主要論文

「軍事救護法の成立と陸軍」（『日本史研究』第397号）

「軍事救護法の受容をめぐる軍と兵士」（『歴史人類』第25号）

2004年3月5日発行

著　者　郡　司　　淳

発行者　山　脇　洋　亮

印刷者　亜細亜印刷㈱

発行所　東京都千代田区飯田橋4－4－8　東京中央ビル内　㈱同成社

TEL 03-3239-1467　振替 00140-0-20618

ISBN 4-88621-286-7 C3321